언어와 논리

이남원 · 이윤복 공저

言語論理

정림사

머 리 말

우리나라에서 최근 논리학에 관련된 서적들이 많이 읽혀지고 있으며, 그 중 몇몇 서적들은 베스트셀러로 주목되고 있다. 대학에서 오랫동안 논리학 강의를 해 온 사람으로서 매우 바람직한 현상으로 생각된다. 물론 대학 입시에 도움을 주기 때문에 읽혀지는 경향이 없는 것은 아니지만, 논리학 책이 많은 독자층을 확보하게 되었다는 사실은 반가운 일이라 아니할 수 없다.

많은 사람들은 논리학이 우리의 생활과는 별로 관계없는 학문이라고 오해하고 있다. 그러나 논리학은 우리의 일상생활, 특히 지성인들의 생활과 불가분의 관련을 가지는 학문이다. 논리적으로 생각하고, 논리적으로 말하며, 논리적으로 글을 쓰고, 논리적으로 행동한다는 것은 적어도 지성인에게는 반드시 필요한 일이다. 그러나 그동안 이와 같은 일의 중요성이 간과되어 왔을 뿐이다.

그래서 저자는 이와 같은 오해를 씻기 위해서 가급적 독자들이 쉽게 접근할 수 있도록 다음과 같은 몇 가지 점에 유의하면서 이 책을 서술했다.

첫째, 일상 생활에서 논리를 응용할 수 있는 능력을 배양하는 데 도움이 되도록 하기 위하여 실 생활에서 일어날 수 있는 구체적인 예를 많이 들었다.

둘째, 논리학에서 점차 그 중요성이 인식되고 있는 언어에 대해서 상당한 지면을 할애했다. 언어와 논리란 뗄레야 뗄 수 없는 관계에 있음을 알 필요가 있겠다.

셋째, 명제에 관한 해석에 있어서, 종래의 논리학 책들은 통상 아리스토텔레스의 관점을 소개하고 있는 반면에, 요사이 출판되는 교과서는 대부분 부울 식 관점을 소개하고 있다. 저자는 오랜 강의 경험을 바탕으로 양 관점의 우열성이 가려질 수 없다고 생각되므로, 꼭 같은 비중으로 소개하고자 하였다.

넷째, 각 절마다 많은 문제를 게재하여 독자들이 풀게 함으로써, 단순히 이론을 설명하는 논리학 책이 아니라, 일생 생활에 도움이 되는 논리학 책을 만들도록 힘을 썼다. 특히 문제의 일부에 대한 해답을 수록하여 독자들이 보다 쉽게 문제에 접근할 수 있도록 하였다.

본 저서를 서술함에 있어 많은 서적들을 참고했지만, 그 중 다음의 두 저서가 특히 도움이 되었다.

I.M. Copi, Introduction to Logic, Macmillan Publishing.

P.J. Hurley, A Concise Introduction to Logic, Wadsworth Publishing

저자 씀

차 례

제2부 연 역

제3부 귀 납

제1장 서 론

1. 논리학이란 어떤 학문인가?
2. 연역과 귀납

제 1 장 서 론

1. 논리학이란 어떤 학문인가?

1) 논리학의 관심사

다른 학문도 마찬가지이겠지만, 논리학 공부를 시작하는 학생들은, 논리학이 다루는 주제와 이 학문의 주제에 접근하는 독특한 방식에 대해서 일반적인 이해를 하고 있어야만 한다. 그러나 어떤 학문에 대해 공부를 시작할 때, 그 학문에 대해 엄밀하게 정의(定義)를 내리고 난 후 그 학문에 대해 공부를 시작할 수 있는 것은 아니다. 왜냐하면 아무리 엄밀하게 정의를 내린다 하더라도, 그 학문의 주제에 대해 충분히 이해하는 것은 가능하지 않기 때문이다. 더욱이 인간의 사고나 행위나 감정을 다루는 학문들의 경우에는 어떤 한 가지의 정의만이 받아들여질 수 없다. 그럼에도 불구하고 그 학문의 본성과 목적에 대한 일종의 잠정적이고 예비적인 설명을 하는 것이 그 학문을 연구하는 데에 필요할 것이다. 그러므로 논리학에 대해 이와 같은 잠정적이고 예비적인 설명을 하는 것으로부터 논의를 시작하고자 한다.

먼저 어원학상으로 볼 때 논리학(logic)은 logos에 관한 학문, 즉 사고를 나타내는 언어나 담화에 관한 학문이다. 글로 쓰여지든 음성으로 발음되든 간에 모든 지적인 담화에는 조리가 있게 마련이다. 그런데 이러한 조리의 성격은 담화의 종류에 따라서 달라진다. 예를 들어서 서로 다른 유형의 세 가지 담화, 즉 수사학적인 담화, 시적인 담화, 학문적인 담화를 생각해 보자. 이들 담화는 각각 자신의 고유한 성격을 가지고 있다. 웅변의 목적은 청중들로 하여금 무엇을 하도록 설득하거나 혹은 하지 말도록 설득하는 것이다. 웅변은 단순히 청중들의 지성에 호소하는 것에 그치는 것이 아니라, 오히려 그들의 상상력과 감정, 그리고 욕망에도 호소한다. 웅변도 물론 지적인 조리를 가져야 할 필요가 있다. 그러나 뛰어난 웅변이 지극히 미흡한 지적인 조리를 가질 수도 있다. 시(詩)도 또한 나름의 조리를 가질 필요가 있지만, 그러한 조리를 대체로 상상력과 감정을 겨냥하고 있다. 여기서도 지적인 조리는 물론 필요는 하겠지만 항상 종속적인 위치에 머무르고 만다. 이와는 달리 학문적인 저서나 진술에서 요구되는 조리는 상상력, 감정과는 구별되는 사고에 있어서의 조리이다. 우리는 몇몇 위대한 학자의 저술에서 표현되고 있는 문체의 아름다움에 찬탄을 보내곤 하지만, 문체의 아름다움만을 가지고서 그를 위대한 학자라고 칭송하지는 않는다.

아름다움의 측면에서 다소 미흡한 글솜씨를 가진 위대한 학자도 얼마든지 있을 수 있다.

논리학은 이들 세 종류의 담화 중에서 학문적 담화에 관계한다. 그렇게 되면 논리학의 주제는 사고 혹은 지적인 측면에서의 조리가 되므로, 우리는 논리학을 일반적으로 "사고에 관한 학문" 혹은 "사고의 법칙에 관한 학문"이라고 정의할 수 있겠다. 그러나 이러한 정의는 너무 넓은 정의일 뿐더러, 정확하지도 못하다. 왜냐하면 사고는 심리학의 연구 대상이기도 하기 때문이다. 심리학도 종종 사고의 법칙을 다루기 때문에 논리학을 사고의 법칙에 관한 학이라고 정의하는 것은 부적절하다.

논리학이 사고에 관련되어 있지만, "사고에 관한 학문"이나 "사고의 법칙에 관한 학문"이라고 논리학을 정의하는 것이 너무 넓은 정의라면, 정의를 좀더 좁히기 위해서 논리학을 사고 과정의 일종인 추리(reasoning)를 연구하는 학문이라고 정의해 보고자 한다. 이 정의는 앞의 정의보다 훨씬 적합한 듯이 보인다. 왜냐하면 추리는 결론이 전제로부터 도출 되는 추론(inference) 과정이 나타나는 사고 과정이고, 결론과 전제는 논리학의 관심사이기 때문이다. 그러나 이 정의 또한 충분한 것 같지는 않다. 왜냐하면 심리학 또한 추리 과정에 관심을 가지기 때문이다. 어떤 돌발 사고를 당했을 때 사람들은 그 사고에 대처하기 위하여 여러 가지 생각을 해 낸다. 그 전체 사고 과정은 심적인 과정이며, 따라서 추리 과정이다. 그는 이러한 추리 과정을 통해서 어떤 해결책 혹은 결론에 도달한다. 이러한 이면의 심리 과정 혹은 사고 과정은 심리학자들의 관심사는 되겠지만, 논리학자의 관심사는 되지 않는다. 문제 해결을 위한 어떤 사람의 전 추리 과정은 올바로 전개된 것일 수도 있고 잘못 전개된 것일 수도 있다. 즉 그는 좋은(good) 추리를 전개했을 수도 있고 나쁜(bad) 추리를 전개했을 수도 있다. 심리학자는 이런 문제에 대해서는 전혀 관심을 가지지 않는다. 이 문제에 관심을 가지는 사람은 논리학자이다. 즉 논리학자는 어떤 추리가 완결되었을 때, 그 추리가 올바른 방식으로 이루어졌는가 그렇지 않은가에 관심을 가진다. 좋은 추리 혹은 올바른 추리는 전제가 결론을 받아들이기에 합당한 근거를 제시하는 추리이고, 나쁜 추리 혹은 올바르지 못한 추리는 그렇지 못한 추리이다. 이 양자를 구별하는 기법에 대해 꾸준히 관심을 가져왔다.

2) 논 증

출발점을 이루는 하나 혹은 여러 개의 명제에서부터 다른 명제로 이행해가는 사고 과정을 추론 혹은 추리라 하고, 논리학자의 관심은 이러한 과정에 있지 않다는 것은 이미 언급되었다. 사실상 논리학자의 관심사는 이러한 사고 과정의 출발점과 끝점을 이루는 명제(proposition) 및 이들 명제의 관계에 있다. 좀더 정확하게 이야기한다면 논리학자는 논증(argument)에 관심을 가진다. 논증이란 추리가 언어로 표현된 것을 말한다. 양자의 본질적인 차이점은 추리가 하나의 과정에 그 본성이 두어진다면, 논증은 하나의 구조에 그 본성이 두어진다는 사실에 있다. 이 구조에서는 전제와 결론이 있으며, 이때 전제는 항상 결론을 함의하고나 근거지우는 역할을 한다. 어떤 사람의 추리가 훌륭한지 그렇지 못한지를 결정하기 위해서, 우리는 그러한 추리에 상응하는 논증을 구성하여, 그 논증에서 전제가 결론을 함의하는지 혹은 근거짓는지를 평가한다. 그래서 논증에서는 과정이 중요한 것이 아니라, 구조가 중요한 것이다. 예컨대 살인 사건을 수사하고 있는 강력계 형사는 현장을 둘러보면서 현장에서 입수한 물건들과 관련해서 범인을 추적하는 여러 가지 생각을 할 것이다. 즉 그는 추리하고 있는 것이다. 그런데 그의 많은 추리 중 어떤 것은 충분한 근거 위에서 행해지는 반면에, 다른 많은 추리는 그렇지 않다. 그의 이러한 추리들을 논증으로 나타낸다면, 그의 추리가 훌륭한지 어떤지를 평가할 수 있을 것이다. 실제로 우리들은 매일매일 여러 사건들과 부딪치게 되고, 그 때마다 추리를 한다. 그러나 그 때마다 그 추리를 논증화해서 그것의 올바름과 그릇됨을 평가하지는 않는다.

논증은 전제와 결론이라고 부르는 명제들로 구성되어 있다. 명제는 주장을 담고 있으며, 그 주장은 참된 내용 또는 거짓된 내용을 담고 있다. 그러므로 명제는 긍정되거나 부정되며, 혹은 참인 것으로 판단되거나 거짓인 것으로 판단된다. 그러므로 명제는 질문, 명령, 감탄과는 구별되어야 한다. 왜냐하면 질문이나 명령이나 감탄은 긍정되거나 부정될 수 없기 때문이다. 이런 점에서 명제는 문장(sentence)과는 다르다. 예컨대,

> 일본 무사가 명성황후를 시해했다.
> 명성황후는 일본 무사에게 시해를 당했다.

는 두 개의 다른 문장이다. 왜냐하면 첫 번째 문장은 네 단어로 구

성된 문장인데 반해서, 두 번째 문장은 다섯 단어로 구성된 문장이기 때문이다. 또한 첫째 문장은 "일본"이라는 단어로 시작하는데 반해서, 둘째 문장은 "명성황후"라는 단어로 시작한다. 그러나 이 두 문장은 정확하게 동일한 의미를 담고 있고, 동일한 주장을 하고 있기 때문에, 동일한 명제이다. 차이점을 보다 분명히 이해하기 위하여 또 하나의 예를 들어 보기로 한다.

비가 온다
It is raining
Es regnet

이 세 문장은 서로 다르다. 첫째 문장은 한글 문장, 두 번째 문장은 영어 문장, 세 번째 문장은 독어 문장이기 때문이다. 그러나 이들 문장은 동일한 의미를 담고 있고, 따라서 동일한 명제를 언명하고 있다.

거꾸로 하나의 문장이 다른 명제를 언명할 수도 있다. 예를 들어 보자.

한국의 현 대통령은 전직 국회의원이다.

이 문장은 2004년에는 참된 내용을 담고 있지만, 1990년에는 거짓된 내용을 담고 있다. 따라서 이 문장은 시차(時差)에 따라서 다른 명제를 언명하고 있는 것이다. 따라서 논리학자에 따라서는 명제라는 용어보다는 진술(statement)이라는 용어가 선호된다.

왜냐하면 그들은, "언제 진술되었는가?"를 물어볼 경우, 진술만이 시제의 의미를 분명히 해 준다고 믿기 때문이다. 그러나 통상 "진술"보다는 "명제"란 용어가 널리 사용되고 있다. 이하에서 진술이라는 용어가 나오면 대체로 명제와 동일한 의미로 사용될 것이다. 어쨌든 이 명제들은 논리학자의 관심의 대상인 논증의 전제와 결론을 구성한다.

"전제"와 "결론"은 항상 상관관계를 이루는 개념이다. 즉 어떤 명제도 단독으로는 전제일 수도 결론일 수도 없다. 논증의 올바름 혹은 그릇됨은 전제와 결론 사이의 **관계**에 의거하고 있다. 만약 전제가 결론의 근거로서의 역할을 충분히 해 낸다면 그 논증을 올바른 논증이고, 그렇지 않으면 올바른 논증이 아니다.

논증에서 전제와 결론의 순서가 항상 일정한 것은 아니다. 경우에 따라서는 전제가 앞에 올 수도 있고, 경우에 따라서는 결론이 앞에 올 수도 있다. 예컨대,

> 홍길동은 임꺽정보다 나이가 많다. 임꺽정은 일지매보다 나이가 많다. 그러므로 홍길동은 일지매보다 나이가 많다.

은 전제가 앞에 오고, 결론이 뒤에 온다. 그러나

> 김선달은 죽는다. 왜냐하면 모든 인간은 죽으며, 김선달도 한 사람의 인간이기 때문이다.

은 결론이 앞에 오고, 전제가 뒤에 온다.

논증과 관련하여 또 하나 언급되어야 할 것은, 하나의 논증은 하나 혹은 그 이상의 전제를 가질 수 있는 반면에, 단지 하나의 결론을 가져야 한다는 것이다. 만약 여러 개의 결론이 나오는 논증이 있다면 그것은 여러 개의 논증으로 구성된 복합 논증이거나 연쇄 논증일 것이다.

> 모든 인간이 죽는다는 것은 필연적인 사실이다. 아무리 부자라도, 아무리 권력자라도, 그도 인간인 한에서는, 죽을 수밖에 없다. 유한한 것에 집착해서 살아간다는 것은 어리석은 일이다. 그러므로 세속적인 것을 희생시켜 영원한 것을 얻으려는 사람은 현명한 사람이다.

이 글에서 결론이 두 개 있다. 즉 "부자도, 권력자도 죽을 수밖에 없다"와 "세속적인 것을 희생시켜 영원한 것을 얻으려는 사람은 현명한 사람이다"이다. 따라서 이 논증은 두 개의 논증으로 구성되어 있다.

또한 하나의 논증에서 언급된 모든 것이 다 그 논증의 전제와 결론이 되는 것은 아니다. 논증과는 관계는 없지만 독자들의 이해를 돕기 위해서 삽입된 문장들도 있기 때문이다. 예컨대 쇼펜하우어는 자신의 《염세론 연구》(*Studies in Pessimism*)에서 다음과 같은 논증을 펴고 있다.

> 형법이 자살을 금지한다면 그것은 교회에서는 타당한 논증이 아니다. 게다가 그 금지라는 것이 웃기는 이야기이다. 죽음 자체를 두려워하지 않는 사람을 어떤 형벌로 위협할 수 있단 말인가?

에서 첫 문장은 전제로 결론도 아니다. 그러나 이 문장이 없다면 우리는 두 번째 문장의 "금지"라는 말이 무엇에 대한 금지인지 알 수 없을 것이다. 여기서 결론은 "형벌의 자살 금지 조항은 웃기는 이야기이다"라는 문장이 될 것이다. 전제는 비록 의문문의 형태를 지녔지만, 실제로 질문이 아니라 명제, 즉 "어떤 형벌도 죽음 자체를 두려워하지 않는 사람을 위협할 수 없다"로 사용된 것이다.

논증의 분석에서 가장 중요한 작업 중 하나는 전제와 결론을 구분하는 일이다. 결론이라고 생각되었던 것이 실제로 전제이고, 전제라고 생각되었던 것이 실제로 결론이라면, 이어지는 분석은 올바를 수가 없을 것이다. 대단히 자주 논증은 전제와 결론을 확인시켜 주는 지시어를 포함한다. 전형적인 전제 지시어(premise indicators)와 결론 지시어(conclusion)는 다음과 같다.

전제 지시어	결론 지시어
왜냐하면 …에 의해서 지시되는 것처럼 …로부터 추론될 수 있다. …를 고려한다면 …라는 이유 때문에 … 때문에 …인 한에 있어서	그러므로 그리하여 그래서 따라서 결과적으로 …라는 귀결이 나온다 …의 결과로서 …을 수반한다 …임에 틀림없다 …라고 결론내릴 수 있다 …라고 추론할 수 있다 …을 함의한다 이런 이유 때문에

그러나 우리의 일상 언어로 이루어진 글은 이런 몇 가지의 용어를 구별해 냄으로써 완전히 분석될 수 있는 것은 아니다. 많은 예외가 있을 수 있으며, 이런 예외를 식별해 내기 위해서는 보다 치밀한 분석 및 경험이 필요하다. 예컨대 아래의 예는 논증에 관련된 지시어를 갖지 않음에도 불구하고 하나의 논증이다.

> 화성에는 생명체가 없다. 그곳의 대기는 생명체가 살기에는 부적절하며, 또한 온도는 지나치게 높거나 낮다.

여기서 첫째 명제는 결론이다. 그리고 나머지 명제는 "화성에는 생명체가 없다"는 결론을 뒷받침하고 있는 전제이다. 그러므로 이 전체 명제들의 집합은 논증이다. 그러나 논증을 나타내는 지시어는 없다.

3) 논증 확인법

모든 논증이 명제를 포함하고 있다고 해서, 명제로 이루어진 모든 글이 논증인 것은 아니다. 신문이나 잡지를 비롯해서 일상적으로 우리가 접하게 되는 많은 글들이 주장 즉 명제들로 가득 차 있지만, 이 주장들이 논증을 구성하는 경우는 거의 없다. 그래서 논증을 포함하는 글과 그렇지 않은 글을 구별하는 일이 중요하다. 일반적으로 보아서 어떤 글이 무언가를 증명할 것을 의도한다면 그 글은 논증을 포함하고 있고, 그렇지 않다면 그 글은 논증을 포함하고 있지 않다. 논증에는 아래와 같은 두 가지 조건이 충족되어야 한다.

1) 글에서 나타나는 명제들 중 적어도 하나는 증거 (혹은 그 무언가에 대한 이유)를 제시해야 한다.
2) 그 증거가 (혹은 이유가) 그 무언가를 지지하는 주장이 있어야 한다.

증거 (혹은 이유)를 제시하는 명제는 전제이고, 그 전제가 지지한다고 주장하는 명제는 결론이다. 물론 이런 증거나 지지가 분명히 드러나지 않을 수도 있다. 전제 지시어나 결론 지시어가 나타나는 글은 이것이 분명히 드러난 글이다.

논증과 비논증을 구별하기 위하여 전형적인 비논증적 글들을 살펴보기로 한다.

> 나의 생각으로는 우리나라와 같이 고도의 도덕적 전통과 위임(委任)을 이어받은 나라는 우리가 어떻게 해서 이런 충돌에 이르게 되었는가를 알아야 할, 그리고 미래를 위해 우리에게 가르쳐야 할 교훈을 배워야 할 또 하나의 책임을 가지게 된다.
>
> (A. Hasseler, *Saigon, U. S. A.*)

이 글은 어떤 사람의 믿음이나 생각을 표현하는 신념(belief) 혹은 의견(opinion)에 관한 진술이다. 작가가 옳다고 생각하는 것을 증명하기 위해서 주어지는 증거 혹은 이유가 없기 때문에, 이 글은 논증이 아니다.

> 강에서 이삼백 피트 떨어진 라자에서 새 화장(火葬)대가 돌, 별독, 흙으로 세워졌다. 그 화장대의 크기는 사방 8 피트였고, 높이는 2 피트였다. 향이 뿌려진 길고 가는 백단(白檀) 통나무가 그 위에 쌓아 올려졌다. 마하트마 간디의 시신은 북쪽으로 머리를 향하도록 하여 화장대 위에 눕혀졌다. 그 장소에서 부처는 그의 최후를 맞았다.
>
> (L. Fischer, Gandhi : *His Life and Message for the World*)

이 글은 독자의 마음 안에 어떤 그림이 떠오르도록 하는 진술들로 구성되어 있기 때문에 기술(description)이며, 어떤 주장도 담겨 있지 않기 때문에 논증이 아니다.

기술과 여러 가지 점에서 유사한 측면이 있는 보고(report)는 어떤 상황 혹은 사건에 관한 정보를 전달하는 진술들로 구성되어 있다. 이 또한 증명하기 위한 주장이 없기 때문에 논증이 아니다.

> 미-북한 제네바 회담은 상당히 유연한 분위기 속에서 진행되고 있다. 14일 첫날 회의에서 양국 수석대표인 로버트 갈루치 차관보와 강석주 외교부 부부장은 예정에 없던 오찬 회동을 같이 했다. 회담이 끝난 후 양측은 회담이 진행된 미국 대표부 건물 1층 바로 그 장소에서 1시간 이상 칵테일을 곁들인 리셉션을 진행, 회담장 밖의 보도진을 오랫동안 기다리게 하기도 했다.

개진적(expository) 진술들에서 작가는 화제가 되는 문장과 함께 시작하고는 그 다음 그것을 계속 전개시켜 나간다. 그의 목적은 화제의 문장을 증명하는 것이 아니라, 확장, 전개시켜 나가는 것이다. 예를 살펴보기로 한다.

> 인생살이와 바둑 사이에는 유사한 점이 많이 있다. 바둑을 두는 사람 중에는 강한 승부 기질의 소유자가 있는 반면에, 늘 방어하는 스타일을 고수하는 사람도 있다. 바둑 두면서 상대방의 스타일에 따라서 다른 식으로 대처하기도 한다. 바둑 두면서 그들은 승리감과 좌절감을 느끼며, 이 승리감과 좌절감은 가끔은 그들에게 교훈을 준다.

이 글의 목적은 첫 번째 진술이 참이라고 하는 것을 증명하는 것이라기보다는, 인생살이와 바둑 사이의 유사한 점에 대해서 "살을 붙이고 있는 것"이다. 물론 이런 글은 논증과 유사한 점을 지니고 있으며, 상황의 전개에 따라서는 논증으로 해석될 수도 있겠다.

하나의 진술이 그 진술의 예를 나열하는 언급과 연결될 수 있는데, 이런 진술들의 모임을 예시(illustration)라 한다.

> 화합물과 마찬가지로 화학 원소들도 분자식으로 나타낼 수 있다. 그리하여, 산소는 "O_2"로 나타낼 수 있고, 염화나트륨은 "NaCl"로, 유황산은 "H_2SO_4"로 나타낼 수 있다.

이 글은 "그리하여"를 포함하고 있기 때문에 논증으로 오해되기가 쉬우나, 이 "그리하여"는 무언가의 증명을 나타내는 지시어가 아니라, 화합물과 화학 원소들이 분자식으로 어떻게 나타날 수 있는지를 지시하는 낱말이다. 예시 또한 개진처럼 논증으로 해석될 수 있다.

설명(explanation)은 두 요소로 구성되어 있다. 하나는 피설명체(explanandum)요, 다른 하나는 설명체(explanans)이다. 전자는 설명되어야 할 사건 혹은 현상을 기술하는 진술이요, 후자는 설명할 것을 의도하는 진술 혹은 진술들이다.

설명은 "왜냐하면", "…때문에"란 지시어를 가끔 포함하기 때문에 논증과 혼동되기 십상이다. 아래의 예를 살펴보자.

그녀는 어제 너무 많은 약물을 복용했기 때문에, 사망했다.

이 예는 설명이지, 논증이 아니다. 설명은 다음의 이유 때문에 논증이 아니다. 즉 설명에서는 설명체는 어떤 것이 그런 경우가 되는 이유가 무엇인가를 보여주고자 한다. 반면에 논증에서는 전제는 어떤 것이 그런 경우가 된다는 사실을 증명하고자 한다. 위의 예에서 "그녀는 어제 너무 많은 약물을 복용했다"는 명제 혹은 진술은 그녀가 왜 사망했는지를 설명하고 있지, 그녀가 사망했다는 사실을 증명하고 있는 것이 아니다. 다음의 표를 보면 양자 사이의 차이점이 보다 분명해질 것이다.

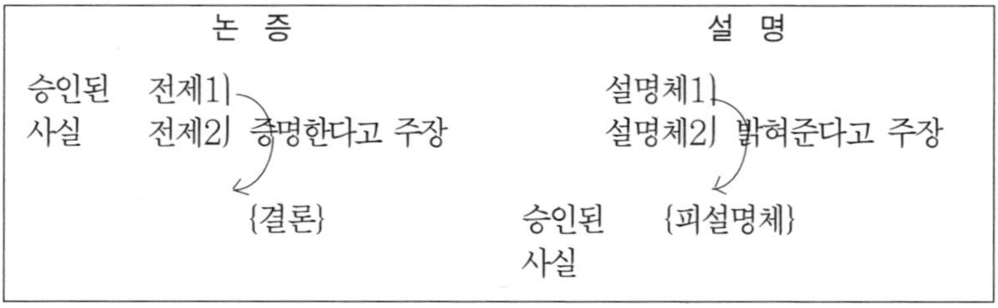

그러나 설명에서 나타나는 추론은 논증의 형식으로 다시 표현될 수 있다. 이 점은 특히 과학에서 발견되는 설명에 대해서 참이다. 이하에서 첫 번째는 설명의 예이고, 두 번째는 이 설명의 예가 논증의 형식으로 다시 표현된 것이다.

> 설명의 예 : 하늘은 지구의 표면에서 볼 때는 푸르게 보인다. 왜냐하면 태양으로부터 나오는 광선은 대기 중에 있는 입자에 의해서 흩어지기 때문이다.
> 논증의 예 : 태양으로부터 나오는 광선은 대기 중에 있는 입자에 의해서 흩어진다. 그러므로 하늘은 지구의 표면에서 볼 때는 푸르게 보인다.

경우에 따라서 어떤 글들은 논증으로 해석될 수도 혹은 설명으로 해석될 수도 혹은 둘 다로 해석될 수도 있다. 다음을 고려해 보자.

> 환자는 오늘 줄어든 백혈구 수를 목격하게 된다. 왜냐하면 방사선 치료법이 최근에 시작되었기 때문이다.

이 글의 목적은 백혈구 수가 줄어든다는 사실을 증명하는 것일 수도 있고, 혹은 그것이 왜 줄어드는가를 설명하는 것일 수도 있으며, 혹은 둘 다일 수도 있다.

◆

연습문제

1. 다음의 예는 단지 하나의 논증만을 포함하고 있다. 각 논증의 전제와 결론을 확인하라.

(1) 티타늄은 산소, 질소, 수소와 쉽게 결합된다. 산소 질소, 수소 등은 모두 정반대의 영향을 티타늄의 역항상의 속성에 대해 미친다. 결과적으로 티타늄은 이들이 없을 때 가공 처리되어야 한다.

(*Illustrated World of Science Encyclopedia*)

(2) 플라톤에 따르면, 선은 개인의 실제적 이익을 촉진하는 것이기 때문에, 선이 인식되는 어떤 경우라도 사람들은 그것을 찾을 것이라는 귀결이 나온다.

(A. Stroll and R. Popkin, *Philosophy and the Human Spirit*)

(3) 그러나 그들은 인간이란 사회 속에서 살기를 원하기 때문에, 자신의 개인적인 이익의 일부를 공공의 이익을 위해서 포기해야만 한다고 주장하였다.

(The Marquis De Sade, *Juliette*)

(4) 벌은 신속하고 특별한 효과가 있을 때 바람직스럽지 못한 행동을 억제할 수도 있다. 그러나 벌은 바람직스러운 대안

을 가르치거나 촉진할 수는 없다. 그러므로 억제되어야 하는, 승인될 수 없는 반응에 대신해서 그 사람이 사용할 수 있는 적절한 행동을 고안하고 강화하는 적극적인 기법을 이용하는 것이 중요하다.

(W. Mischel and H. Mischel, *Essentials of Psychology*)

(5) 도덕적 또는 종교적 이유로 징병에 반대하는 사람은 우리나라에서는 있을 자리가 없다. 그들은 추방되어야 한다. 배에다 자신의 무게를 싣지 않으려고 하는 사람은 배에서 아무 권리도 없기 때문이다.

(T. Roosevelt)

2. 다음의 예는 두 개 이상의 논증을 포함하고 있다. 각 논증을 구별하고, 각각의 논증의 전제와 결론을 확인하시오.

(1) 물질은 운동이고, 따라서 물체는 그것이 운동하는 곳에 있다. 그리고 모든 물질 입자는 전 우주에 걸쳐 있기 때문에, 모든 물체는 모든 곳에 있다.

(R. G. Collingwood, *The Idea of Nature*)

(2) 결혼은 여성들에게 있어서 노예 생활을 의미하기 때문에, 여성 운동은 이 제도에 대한 공격에 집중되지 않으면 안 된다는 것은 분명하다. 여성에게서 자유는 결혼의 폐지 없이는 쟁취될 수 없다. 고용 차별과 같은 그런 문제에 대한 공

격은 피상적이다. 여성들이 집 안에서 아무 일도 안 하고 있는 동안, 우리는 심각하게 고려되어야 할, 집 바깥에서의 동일한 임금에 대한 우리의 요구를 기대할 수 없다.

(S. Cronan, "Marriage", in *Radical Feminism*)

(3) …만일 누군가가 대부분의 대학생들은 운동을 좋아한다고 말하고, 또 대부분의 대학생들은 공부를 열심히 한다고 말하고는, 그러므로 대부분의 대학생들은 운동도 좋아하면서 공부도 열심히 한다고 말한다면, 우리는 그런 추론이 성립하지 않는다는 점을 지적함으로써, 아마도 이 추론과 똑 같은 형식을 가졌지만 전제들은 참이지만 결론이 거짓인 추론을 예로 들어서 그를 논박할 것이다.(예 : 10보다 작은 정수의 대부분이 4보다 크면서 동시에 6보다 작다. 그러나 10보다 작은 정수의 대부분이 4보다 크면서 동시에 6보다 작다는 것은 사실이 아니다.)

(J. J. C. Smart, *Philosophy and Scientific Realism*)

관계가 객관적이라면, 그것은 어떤 것 속에 존재해야 한다. 그러나 그러한 관계는 그것이 맺어 주는 두 사물 중 어느 한편에 존재할 수는 없다. 그러므로 그것은 제3의 것과 앞의 두 사물을 맺어 주기 위해서는 다른 관계들이 요구되지 않으면 안 되며, 그리고 이 다른 관계들은 이들이 그 안에 존재하기 위해 또 다른 존재들을 요구하지 않으면 안 된다. 그리고 이런 과정은 무한히 계속된다. 이렇게 되면 무한 배진에 빠지게 되는데, 이것은 받아들일 수 없는 일이다. 그러므로 관계란 존재하지 않는다.

(M. M. Sharif, *Muslim Thought*)

(5) "독자의 지성의 예리한 날은 논리학 연구에 의해서 날카롭게 될 것이다"라는 주장은, 마음은 사용에 따라서 개선되는 무기와 같다는 점과, 논리학 연구는 분투적인 사고 활동을 요구하기 때문에, 논리학 연구는 마음을 개선시킨다는 점을 함축할 수 있다. 이 논증에서의 오류는 전적으로 그 논증이 제멋대로의 은유에 의거하고 있다는 사실이다. 대부분의 무기는 사용될 때 무디게 되고, 만약 지성이 이런 종류의 무기와 같다고 한다면, 논리학은 저능의 정신성을 야기시킨다는 결론이 도출됨에 틀림없다.

(G. St. Aubyn, *The Art of Argument*)

3. 다음의 예가 논증을 포함하고 있는지 어떤지를 확인하고, 만약 그것이 논증을 포함하고 있다면, 어떤 것이 전제이고 어떤 것이 결론인지를 확인하시오.

(1) 정치권에서 여, 야 간의 긴장이 고조되고 있기 때문에, 어제 주식값이 폭락했다.

(2) 스위스의 알프스에는 대단히 높은 산봉우리들이 많다. 그리하여, 바이스혼, 매터혼, 나델혼은 모두 4,000미터가 넘는다.

(3) 지구의 자장(磁場)이 사라진다면, 밴 엘런 방사능대가 파괴될 것이다. 밴 엘런 방사능대가 파괴된다면, 강한 우주 광선이 지구에 쏟아질 것이다. 그러므로 지구의 자장이 사라진다면 강한 우주 광선이 지구에 쏟아질 것이다.

(4) 원자는 모든 물질의 가장 기본적인 덩어리이다. 이들은 결합하여 분자를 이룰 수 있는데, 이 분자들의 속성은 일반적으로 그 구성 요소인 원자의 속성과 대단히 다르다. 예컨대 식탁 소금은, 염소와 나트륨으로 이루어진 단순 화학 복합체로서, 유독 가스와도 유사하지 않고 높은 정도로 반응하는 금속과도 유사하지 않다.

(F.J. Blatt, *Principles of Physics*)

(5) 어떤 사람은 진실로 자기를 신뢰하지 않는다. 비록 그가 효과적으로 사물들을 다룬다 하더라도, 그는 그렇게 하도록 그를 가르쳤던 사람들에 반드시 의존하게 된다. 그들은 그가 의존하고 있는 것들을 선택했으며, 의존성의 종류와 정도를 결정했다.

(B.F. Skinner, *Beyond Freedom and Dignity*)

2. 연역과 귀납

1) 연역 논증과 귀납 논증의 차이

논증은 연역 논증(deductive argument)과 귀납 논증(inductive argument)으로 나누어진다. 모든 논증은 전제가 결론에 대해 근거를 제공한다고 주장한다. 그러나 이 중 연역 논증만이 전제가 결정적인 근거를 제공한다고 주장한다. 반면에 귀납 논증은 전제가 결론에 대해 근거를 제공하기는 하나 결정적인 근거가 아니라 어떤 정도의 즉 개연적(probable) 근거를 제공한다고 주장한다.

올바른 연역 논증은 타당한(valid) 논증이라 부르고, 올바르지 않은 연역 논증은 부당한(invalid) 논증이라 부른다. 전제가 참일 때 결론이 필연적으로 참인 방식으로 전제와 결론이 연결되어 있다면 그 논증은 연역적으로 타당하다. 즉 타당한 연역 논증은 결론의 내용이 모두 전제 속에 이미 들어 있거나 함의되어 있는 논증이다. 그렇지 않은 연역 논증은 모두 부당하다. "타당하다", "부당하다"는 연역 논증에만 적용되는 용어이다. 훌륭한 귀납 논증과 훌륭하지 못한 귀납 논증의 구별은 전제가 결론에 대해 제공하는 근거의 강도에 의해서, 즉 개연성의 정도에 의해서 결정된다. 왜냐하면 귀납 논증의 결론은 전제들 속에 들어 있지도 않으며, 함의되어 있지도 않기 때문이다. 유형별로 예를 들어보자.

(1) 타당한 연역 논증 :

모든 인간은 죽는다.
임꺽정은 인간이다.
그러므로 임꺽정은 죽는다.

(2) 부당한 연역 논증 :

모든 말은 빨리 달린다.
모든 토끼는 빨리 달린다.
그러므로 모든 토끼는 말이다.

(3) 상대적으로 개연성이 높은 귀납 논증 :

지금까지 관찰된 모든 개는 후각이 발달되어 있다.
그러므로 모든 개는 후각이 발달되어 있다.

(4) 상대적으로 개연성이 낮은 귀납 논증 :

내가 만난 한국인 친구 김영철 씨는 태권도를 잘 한다.
내가 만난 한국인 친구 박민영 씨는 태권도를 잘 한다.
그러므로 모든 한국 사람들은 태권도를 잘 하는가 보다.

옛날부터 연역 논증은 일반적인 것으로부터 특수한 것을 추론해 내는 논증이고, 귀납 논증은 특수적인 것으로부터 일반적인 것을 추론해 내는 논증이라는 믿음이 통용되었다. 위의 예 1)과 3)을 고려해 볼 때 그런 믿음은 상당히 설득력을 갖는 것처럼 보인다. 그러나 이런 믿음은 잘못된 것이다. 이하의 예가 그것을 보여준다.

1) 모든 인간은 동물이다.
모든 동물은 죽는다.
그러므로 모든 인간은 죽는다.

2) 바둑이가 개라면, 바둑이는 후각이 발달되어 있다.
바둑이는 개다.
그러므로 바둑이는 후각이 발달되어 있다.

3) 모든 개는 포유 동물이며 새끼를 낳는다.
모든 말은 포유 동물이며 새끼를 낳는다.
모든 돼지는 포유 동물이며 새끼를 낳는다.
그러므로 아마 모든 포유 동물은 새끼를 낳는다.

4) 김씨는 교수인데 공처가이다.
이씨는 교수인데 공처가이다.
박씨는 교수인데 공처가이다.
정씨는 교수이다.
그러므로, 정씨는 아마 공처가이다.

1)과 2)는 연역 논증이고, 3)과 4)는 귀납 논증이다. 그런데 1)의 논증은 연역 논증인데도 불구하고, 일반적인 전제와 결론을 가진다. 그리고 2)는 연역 논증인데도 불구하고 특수한 전제와 결론을 가진다. 반면에 3)은 귀납 논증인데도 일반적인 전제와 결론을 가지며, 4)는 귀납 논증인데도 특수한 전제와 결론을 가진다. 그러

므로 일반적인 것에서 특수한 것으로 추론하는 논증을 연역 논증으로, 특수한 것에서 일반적인 것으로 추론하는 논증을 귀납 논증으로 간주하는 방법은 그렇게 썩 만족할 만한 방법이 아니다.

2) 참과 타당성

명제는 앞에서 보았다시피 어떤 것을 주장하는 내용을 담고 있다. 그런데 그 주장의 내용은 참된 것일 수도 거짓된 것일 수도 있다. 따라서 참과 거짓은 명제에 적용되는 용어이다. 논증에서 전제와 결론이 명제들로 구성되어 있다면, 논증에서 참과 거짓은 전제와 결론에 적용되는 용어이며, 결코 논증 자체에 적용되는 용어가 아니다. 논증에는 타당성과 부당성이라는 용어가 적용된다.

타당성 여부는 논증을 구성하고 있는 명제들의 참 혹은 거짓과 연관되어 있는 것처럼 보인다. 왜냐하면 타당한 논증은 전제가 참일 때 결론이 필연적으로 참인 논증이라고 정의되기 때문이다. 만약 어떤 연역 논증이, 전제들이 참이기는 하나 결론이 거짓일 가능성을 조금이라도 가진다면, 그 논증은 부당하다. 따라서 타당성 여부는 전제와 결론 사이의 관계, 구조, 형식과 연관되어 있지, 단적으로 전제들의 참 혹은 거짓이나, 단적으로 결론의 참 혹은 거짓과 연관되어 있는 것은 아니다. 어떤 연역 논증에서 결론이 참이라고 해서 그 논증의 타당성이 입증되지는 않는다. 거꾸로 어떤 연역 논증에서 결론이 거짓이라고 해서 그 논증의 부당성이 입증되는 것은 아니다.

경우에 따라서는 전제들 중 일부 혹은 전부가 거짓이고, 결론이 참인 타당한 논증이 있을 수 있으며, 전제들 중 일부 혹은 전부가 거짓이고 결론이 거짓인 타당한 논증이 있을 수 있다. 이와 같은 사실과 "타당한 논증은 전제가 참일 경우 필연적으로 결론이 참인 논증이다"고 하는 정의는 결코 상충하지 않는다. 그리고 전제 모두와 결론이 참인 타당한 논증이 있는 반면에, 전제 모두와 결론이 거짓인 부당한 논증도 있을 수 있다. 이러한 사실 역시 앞의 정의와 상충하는 것은 결코 아니다. 이하에서 예를 들어보기로 한다.

1) 모든 개는 깃털을 가지고 있다.	거짓
모든 새는 개이다.	거짓
그러므로 모든 새는 깃털을 가지고 있다.	참
2) 모든 개는 깃털을 가지고 있다.	거짓
모든 고양이는 개이다.	거짓
그러므로 모든 고양이는 깃털을 가지고 있다.	거짓
3) 모든 동물은 죽는다.	참
모든 고래는 동물이다.	참
그러므로 모든 고래는 죽는다.	참
4) 모든 토끼는 느림보이다.	거짓
모든 말은 느림보이다.	거짓
그러므로 모든 말은 토끼이다.	거짓

위의 예 중에서 1)은 전제가 거짓이면서 결론이 타당한 연역 논증이고, 2)는 전제와 결론이 모두 거짓인 타당한 논증이며, 3)은 전제와 결론이 모두 참인 타당한 연역 논증이다. 반면에 4)는 전

제와 결론이 모두 거짓인 부당한 연역 논증이다.

타당성과 부당성에 관한 지금까지의 논의를 토대로 하여 다음과 같은 도표를 작성해 볼 수 있겠다.

전 제	결 론	타당한 논증	부당한 논증
참	참	가 능	가 능
참	거 짓	불가능	가 능
거 짓	참	가 능	가 능
거 짓	거 짓	가 능	가 능

거짓된 결론을 가지는 타당한 논증-이 논증은 위의 도표에서 나타나는 것처럼 적어도 하나의 거짓인 전제를 가져야만 하는데-과는 다른 종류의 타당한 논증, 즉 전제가 실제로 참인 타당한 논증, 따라서 결론도 참일 수밖에 없는 타당한 논증에 대해서 "건전한(sound) 논증"이란 새로운 용어가 사용된다. 건전한 논증이 되기 위해서는 그 논증은 타당하다는 조건과 함께, 전제들의 참이 합리적으로 수립될 수 있어야 한다는 조건을 가져야만 한다. 위의 예 중에서 3)이 건전한 논증에 해당될 것이다.

연습문제

1. 다음의 논증이 연역 논증으로 해석될 수 있는지, 귀납 논증으로 해석될 수 있는지를 결정하고, 그 이유를 밝히시오.

(1) 삼각형 A는 삼각형 B와 합동이기 때문에, 그리고 삼각형 A는 이등변이기 때문에, 삼각형 B는 이등변이라는 귀결이 나온다.

(2) 검사가 증명하였듯이 오스왈드의 총이 공이쇠를 작동시키는 데에는 적어도 2.3초 걸리므로, 분명히 오스왈드가 5.6초 동안에 혹은 그 이내에 세 발-케네디를 맞힌 두 발과 코넬리를 맞힌 한 발-을 발사할 수는 없었을 것이다.

(3) 자신의 손으로 자신의 정원을 가꾸는 정언사는 지주와 농부와 노동자라는 세 가지의 성격을 한 몸에 가지고 있다. 그러므로 그의 생산품은 그에게 지주의 지대와 노동자의 임금을 지불해 주는 것이어야 한다.

(A. Smith, *The Wealth of Nations*)

(4) 나라의 상태로 보아, 사람들의 관행으로 보아, 또 그 점에 대해 우리가 겪어 온 경험으로 보아, 직접 과세를 통해서 상당한 금액을 모은다는 것은 실현 불가능하다. 세법의 확

대는 언제나 효과가 없었고, 새로운 강제 징수 방법은 시도될 때마다 실패하였고, 대중의 기대는 늘 똑같이 실망으로 끝났고, 정부의 국고는 그대로 텅 비어 있었을 뿐이다.

(A. Hamilton, *The Federalist*, No. XII)

(5) 심프슨 사건은 개 한 마리가 마구간에 있었고, 그렇지만 누군가가 그 안에 있었으며 말 한 마리를 끌고 나왔음에도 불구하고, 그 개는 지붕 밑 방에서 자고 있던 두 소년을 깨울 만큼 심하게 짖지는 않았다는 사실을 나에게 보여주었다. 분명한 사실이지만 한 밤의 방문자는 그 개가 잘 알고 있었던 인물이었다.

(A. Conan Doyle, *Memoirs of Sherlock Holmes*)

제 1 부

언 어

제2장 언어의 인식적 용법과 비인식적 용법

제3장 비형식적인 오류

제4장 정 의

제 2 장
언어의 인식적 용법과 비인식적 용법

1. 담화의 세 가지 목적
2. 문장의 종류와 언어의 목적
3. 정의적인 언어와 정의적으로 중립적인 언어

제 2 장

언어의 인식적 용법과 비인식적 용법

1. 담화의 세 가지 목적

우리 인간이 사용하는 언어는 대단히 다양한 종류의 용법을 가지고 있다. 정교하고도 복잡한 도구인 언어의 이러한 다양한 종류의 용법을 몇 가지의 목적의 측면에서 구분하는 일은 과도한 단순화라는 위험을 내포하고 있다. 그러나 언어의 목적을 몇 가지로 구분하여 단순화시키는 일은 유용성이라는 측면에서 볼 때 그 나름의 의미를 지니고 있다. 우리는 이하에서 언어의 주요한 목적을 세 가지로 구분해 보고자 한다.

우선 고려해야 할 언어의 목적은 정보적(informative) 목적이다. 이 목적은 정보를 전달하는 데 요구되는 목적이다. 다른 사람들에게 사실에 관한 정보를 전달하고자 하는 욕구는 의사소통의 주요한 목적이다. 이러한 언어의 목적은 대체로 명제를 형성하고, 명제를 긍정하거나 부정하는 기능을 가진다. 여기서 정보란 잘못된 정보까지도 포함한다. 학문에서 사용하는 언어는 주로 언어의 이 목적과 관련되어 있다. 따라서 이상적인 유형의 학문적 담화에서는 가능한 한 감정적인 요소가 섞인 언어는 제거되어야 할 것이다. 정보적 목적은 언어의 인식적인 용법과 관련되어 있다.

언어의 두 번째 목적과 세 번째 목적은 언어의 비인식적 용법과 연관되어 있다. 이 중 하나는 표출적(expressive) 목적이다. 시에서 사용된 언어는 이 목적을 잘 나타내 주고 있다. 김소월 시인의 "진달래꽃"을 인용해 보자.

나보기가 역겨워
가실 때에는
말없이 고이 보내 드리오리다.

寧邊(영변)에 藥山(약산)
진달래꽃
아름 따라 가실 길에 뿌리오리다.

가시는 걸음걸음
놓인 그 꽃을
사뿐히 즈려밟고 가시옵소서

나보기가 역겨워
가실 때에는
죽어도 아니 눈물 흘리오리다.

이 시는 우리에게 세계에 대한 어떤 지식이나 정보를 알려 주지 않는다. 이 시가 관심을 가지는 것은 지식이 아니라 감정이나 태도이다. 언어가 감정이나 정서 혹은 태도에 관련될 때, 그 언어는 표출적 기능을 가진다. 이때 "표출"이라는 말은 일상적인 용법보다도 좁은 의미로 이해되어야 한다. 우리는 일상의 언어 생활에서 종종 의견이나 신념 혹은 확신을 표출한다고 말하기도 하지만, 좀더 정확하게 말한다면 의견이나 신념, 확신 등은 표출된다기보다는 진술되거나 언표된다.

표출적 목적과 연관된 언어는 두 가지 욕구의 산물이다. 하나는 자신의 감정을 표출하고자 하는 욕구요, 다른 하나는 다른 사람들의 감정에 영향을 미치기 위한 욕구이다. 아마도 자신의 실망감을 표출하기 위하여 외치는 "오! 맙소사"는 대체로 자신의 감정의 표출이요, 시의 일차적인 목적은 독자들을 겨냥한 것이라고 말할 수 있다. 이 모든 언어 용법은 정보의 전달을 목적으로 삼는 것이 아니라, 정서나 감정, 태도의 표출을 목적으로 삼는다. 그런데 주목되어야 할 사실은, 이와 같이 감정이나 정서 혹은 태도를 표출하는 언어들은, 그것만을 놓고 볼 때, 참도 아니요 거짓도 아니라는 것이다. 왜냐하면 감정이나 정서 속에는 "주장"이 없기 때문이다. 만약 이러한 언어를 참, 거짓의 관점에서 평가하려 드는 사람이 있다면, 그는 언어의 표출적 기능을 이해하고 있지 못한 사람이 될 것이다. 경우에 따라서는 시인은 언어의 이러한 기능에 충실하고자 하여 고의적으로 거짓된 내용을 나타내기도 한다. 예컨대 박목월의 "나그네"를 고려해 보기로 하자.

강나루 건너서
밀밭길을

구름에 달 가듯이
가는 나그네.

길은 외줄기
남도 삼백리

술 익는 마을마다
타는 저녁놀

구름에 달 가듯이
가는 나그네.

사실상 우리의 눈은 달이 가는 것을 감지할 만큼 민감하지가 않다. 그러나 구름이 움직이는 것은 충분히 볼 수 있다. 따라서 좀 더 정확하게 서술한다면, "달에 구름 가듯이 가는 나그네"가 된다. 누군가가 시를 시로서 보지 않고 단지 정보의 전달의 관점에서만 보고 후자의 서술을 고집한다면, 그리하여 박목월 시인을 비난한다면, 그는 참으로 시를 이해하지 못한 사람이 될 것이다. 표출적인 측면에서 보면, 전자는 후자보다 훨씬 가치 있는 표현이 될 것이다.

표출적 기능은 두 가지 측면에서 이해될 수 있다. 어떤 사람이 혼자서 기도하거나, 아무에게도 보여주지 않을 시를 쓸 때, 이 때 언어는 기도를 하거나 시를 쓰는 당사자의 태도 혹은 감정을 표출할 뿐이다. 그러나 연사가 유사한 감정을 나누어 갖도록 청중을 고

무시키거나 군중이 운동선수를 격려할 때, 언어는 말하는 사람의 태도를 표출할 뿐 아니라, 듣는 사람들에게서 동일한 태도나 감정을 유발시키려는 의도 역시 갖고 있다. 따라서 표출적 목적을 가진 언어는 말하는 사람의 감정이나 태도를 나타내기 위하여 사용되거나 듣는 사람의 입장에서 어떤 감정이나 태도를 유발시키기 위해 사용된다. 물론 이 두 가지 다 일 경우도 있다.

언어의 세 번째 기능은 지시적(directive) 기능이다. 이때의 언어는 행위를 불러일으키는 데 사용된다. 어머니가 아이에게 식사 전에 손 씻기를 요구할 때, 어머니의 말은 아이에게 어떤 지식을 전달한다거나 어떤 감정을 불러일으키려고 사용된 것이다.

지시적인 언어 역시 표출적 언어와 마찬가지로 참도 아니고 거짓도 아니다. 예컨대 "창문을 닫아라"고 하는 명령은 글자 그대로의 의미에 있어서 참도 아니고 거짓도 아니다. 그러나 그 명령이 과연 합리적인가 어떤가 혹은 적절한가 어떤가 등이 고려될 수는 있겠다.

이상에서 우리는 두부모 자르듯이 언어의 기능을 세 가지 목적으로 잘라 놓았다. 이러한 나눔은 그 나름의 가치는 있겠지만, 거의 대부분의 일상의 담화는 다소간 언어의 이 세 가지 목적을 모두 다 포함하고 있으므로, 즉 복합적이므로, 각각의 목적의 기계적 적용은 불가능하다. 그러므로 표출적 목적을 주로 하고 있는 시적 언어도 하나의 교훈이나 도덕이 될 수 있으며, 더 나아가서 독자로 하여금 특정한 삶을 영위하도록 명령하는 것일 수도 있다. 예컨대 푸시킨의 "삶"이란 시를 소개해 보기로 하자.

삶이 그대를 속일지라도
슬퍼하거나 노하지 말아라.
슬픈 날엔 참고 견디라.
즐거운 날이 오고야 말리니.

마음은 미래를 바라느니
현재는 한없이 우울한 것.
모든 것 하염없이 사라지나
지나가 버린 것 그리움이 되리니

또한 시가 모종의 지식을 전달할 수도 있다. 예컨대 서사시의 경우가 그렇다. 마찬가지로 예컨대 설교의 경우, 그것은 일차적으로는 신자들이 죄의 길에서 떠나거나, 헌금을 교회에 바치기를 요구하면서, 신자들에게서 어떤 행동을 일으키기를 의도함으로써 지시적이지만, 설교 역시 모종의 감정을 유발시킴으로써 언어의 표출적 목적에도 관계한다. 뿐만 아니라 성직자가 성경의 말씀을 예로 들거나, 역사적 인물을 예로 든다면, 그 설교는 또한 정보적 목적을 가진다.

2. 문장의 종류와 언어의 목적

문법적인 측면에서 문장은 완전한 사고를 표현하는 언어의 단위라고 정의된다. 그리고 문장은 서술문, 의문문, 감탄문, 명령문으로 구분된다. 그러나 이 네 가지 문법적인 범주와 세 가지 언어적 목적이 전적으로 일치하는 것은 아니다. 그러므로 문장의 종류와 언어의 목적 사이에 모종의 연관이 있다고 생각하는 것은 잘못이다. 즉 서술문이 반드시 정보적 목적과 연관되어야 한다는 법도 없고, 감탄문이 반드시 표출적 목적과 연관되어야 한다는 법도 없다. 경우에 따라서는 서술문의 형식을 가지고 있는 문장이 표출적 목적에 연관되어 있을 수도 있다. 예컨대,

어제 밤 당신과의 데이트는 너무나도 감미로왔습니다.

는 서술문이지만, 이 문장에 나타나고 있는 언어의 목적은 정보적이라기보다는 표출적이다. 왜냐하면 이 말은 자신의 감정을 나타내는 말이기 때문이다. 대부분의 시와 기도문은 서술문의 형식을 가지지만, 사용된 언어의 목적은 대체로 정보적이라기보다는 표출적이다. 그리고 인간관계에 있어서 대부분의 요구나 명령은 간접적으로 정중하게 말해지기 때문에, 서술문의 형식으로 표현된 문장이 지시적 목적을 가질 때가 많다. "나는 커피를 좋아합니다"는 말을 손님의 기호를 전달하는 말, 즉 정보적 목적을 가진 말로만 이해하는 비서는, 비서로서의 자격을 의심받을 만하다. 그 말은 비서가 커피를 가져왔으면 좋겠다는 손님의 주문이요, 요구인 것이다.

꼭같은 논리가 의문문이나 감탄문, 혹은 명령문에 적용된다. "을사 보호 조약 이전에 일본과의 협약에 의해서 일본의 한국 강탈을 묵인, 방조했던 나라가 미국이 아닌가?"라는 문장은 의문문의 형식을 띠지만, 실은 의문을 표시한다기보다는 을사 보호 조약 이전에 이미 미국은 자국의 이익을 위하여 일본의 한국 강탈을 묵인, 방조

했다는 사실에 대한 정보를 전달해주는 완곡한 표현이며, 더 나아가서 듣는 사람으로 하여금 미국에 반감을 갖도록 하기 위한 표출적 목적도 가지고 있다. 따라서 이 문장의 주된 목적은 표출적이요, 부차적인 기능은 정보적이라 할 수 있을 것이다. 감탄문의 경우도 반드시 표출적 목적과 일치하는 것은 아니라는 점이 다음의 예를 통해서 드러난다.

참으로 맛있는 음식과 술이군!

식사에 초대 받은 손님이 술과 음식이 거의 다 떨어졌을 때 표현한 이 문장은 감탄문의 형식을 띠고 있지만, 실은 이 말은 그 손님의 감정을 표출하고 있는 말이라고 해석되기보다는(물론 그럴 수도 있겠지만), 차라리 주인에게 술과 음식을 좀 더 가져다 달라는 주문이요, 요구인 것이다. 따라서 이 문장은 감탄문임에도 불구하고 지시적인 역할을 하고 있는 것이다.

3. 정의적인 언어와 정의적으로 중립적인 언어

우리는 앞에서 이미 언어의 인식적 용법과 비인식적 용법에 관해서 언급했었다. 이와 관련해서 우리는 정의적(情意的 : emotive) 언어와 정의적으로 중립적인 언어를 구별해 볼 수 있겠다. 문장이 명제가 되기 위해서는 그 문장에서 사용된 단어들이 사물이나 사건 혹은 사물이나 사건의 속성이나 관계를 언급해야 하는데, 이 때 이 단어들은 인식적은 의미(cognitive meaning) 혹은 글자상의 의미(literal meaning)를 가져야 한다. 이 때 명제란 참, 거짓의 판정이 가능한 정보적 문장을 말한다. 오직 명제만이 긍정되거나 부정될 수 있다. 반면에 문장에서 사용된 언어가 감정이나 태도를 나타낼 때, 그 문장에서 사용된 단어들은 비록 인식적인 의미를 갖고 있지는 않다 하더라도, 정의적 의미(emotive meaning)를 가진다. “정의적”이라는 말은 “감정을 불러일으키는”의 의미로 이해될 수 있다. 글자상의 혹은 인식적인 의미는 동일하지만 각각 다른 정의적 의미를 갖는 단어들이 있다. 예를 들어서 “관료”, “공무원”, “공복”(公僕)이라는 말은 각각 다른 정의적 의미를 갖지만, 그럼에도 동일한 인식적 의미를 갖는다. 즉 관료라는 말에 대해서 우리는 거부감과 분개심을 느끼지만, 공복에 대해서는 어떤 존경감 같은 것을 느끼며, 공무원이라는 말은 앞의 두 말보다도 훨씬 중립적(neutral)이다.

어떤 낱말이 말하는 사람 혹은 듣는 사람에 중립적인 의미를 가지는가 혹은 정의적인 의미를 가지는가 하는 것은 자주 개인의 과거 경험에 달려 있다. 예컨대 “달”이라는 낱말은 천문학자에게는 중립적인 의미를 가지지만, 사랑에 빠진 사람에게는 정의적인 의미를 가진다. 따라서 어떤 낱말을 정의적, 중립적으로 구분하는 문제는 상대적이다. 동일한 낱말이 동일한 개인에게도 상황에 따라서 정의적이 될 수도 있고, 중립적이 될 수도 있다. 또한 한 때는 중립적이었다가 다른 때는 정의적이 될 수도 있다.

그러나 어떤 사회 내에 있는 거의 모든 사람이 공유하는 광범위한 경험 영역이 있기 때문에, 우리는 어떤 말들은 듣는 사람 안에서 정의적인 반향을 불러일으키는 경향이 있다고 말할 수 있다. 예컨대 연필, 공책 등등의 낱말은 거의 모든 사람들에게 중립적인 낱말들인데 반해서, "예수쟁이", "빨갱이" 등등은 정의적인 의미를 가질 것이다. 정의적인 말들은 자주 사람들에게 찬성, 혹은 반대의 감정을 불러일으킨다.

표출적 목적이 언어의 중요한 목적인 한에 있어서, 정의적 낱말을 자주 사용하는 것이 그렇지 않은 경우보다 선호되어서는 안 된다고 말할 수는 없다. 그럼에도 불구하고, 우리가 어떤 사실에 대한 지식에 도달하고자 할 때, 혹은 어떤 논증을 따라 잡아야 할 때, 정의적인 낱말들이 방해가 될 수 있다. 감정이 사태의 판단을 흐리게 할 수 있기 때문이다. 따라서 냉정하고 객관적인 태도로 추론이나 논증을 하고자 할 때, 지나치게 정의적인 언어를 섞는 것은 방해가 된다. 따라서 논리학을 공부하는 학생으로서 우리는 논증을 전개함에 있어서 항상 적절한 언어를 선택하여 사용하는 일에 관심을 가져야 한다. 언어를 부주의하게 사용함으로써 우리는 종종 오류를 범하게 된다. 오늘날처럼 정치적 캠페인이나 상업적 선전이 난무하는 시대에서, 정의적 언어를 과장되게 사용하는 경우를 분별해 내는 능력이 우리에게 더욱 더 요구된다고 할 수 있다.

연습문제

1. 다음 글들은 주로 어떤 언어 용법을 포함하고 있는지를 지적하시오.

(1) 그들 중에는 변호사가 없다. 왜냐하면 그들은 변호사를 문제를 위장시키는 일에 종사하는 사람이라고 생각하기 때문이다.

(Sir T. More, *Utopia*)

(2) 우리는 뭉쳐야 한다. 그렇지 않으면 우리 모두는 각자 목매달게 될 것이다.

(B. Franklin : to the other signers of the Declaration of Independence)

(3) 약간의 철학은 사람들의 마음에 무신론을 심어 준다. 그러나 철학이 깊이가 있으면, 사람들의 마음에 종교를 심어준다.

(F. Bacon, *Essays*)

(4) 내란은 환사의 신열과 같지만, 외국과의 전쟁은 운동의 열기와 같아서 몸을 건강하게 유지시켜 준다.

(F. Bacon, *Essays*)

(5) 전쟁은 심오한 의미를 내포하고 있다. 전쟁을 통하여 국가

는 윤리적 건강을 보존하게 되며, 또한 유한한 목적을 버리게 된다. 바다를 휩쓸어 가는 바람이 바다가 영구히 잔잔할 경우 생겨나는 바다의 부패를 방지하듯이, 전쟁은 영구적인 평화가 야기시킬 국민의 부패를 방지한다.

(G. Hegel, *The Philosophy of Law*)

2. 다음의 글들은 어떤 명제를 언명하고 있는지, 어떤 눈에 띄는 행동을 유발하려고 하는지, 말하는 사람에 대해 어떤 사실을 알 수 있는지를 지적하시오.

(1) 만약 지명된다 하더라도 나는 수락하지 않겠다. 그리고 만약 선출된다 하더라도 봉직하지 않을 것이다.

(W. T. Sherman, message to the Republican National convention)

(2) 우리는 헌법상의 권리들, 즉 언론의 자유나 출판의 자유에 관해서 말하는 것을 듣는다. 나는 그런 이야기를 들을 때마다 혼잣말을 한다. "그런 사람은 빨갱이고 공산주의자다" 라고 여러분들은 참된 미국인이 그런 식으로 이야기하는 것을 결코 듣지 못했을 것이다.

(F. Hague, speech before the Jersey City Chamber of Commerce, January 12. 1938)

(3) 세 부류의 시민들이 있다. 첫째는 부유하고 게으르며, 항상 더 많은 것을 가지려고 애쓴다. 둘째 부류는 가진 것이 없

는 가난한 자들이며, 질투심이 많다. 그리고 부자를 미워하며 선동적인 정치가의 영향을 받기 십상이다. 이 양 극단 사이에 나라를 안전하게 하고 법을 준수하는 세 번째 부류의 사람들이 있다.

(Euripides, *The Suppliant Women*)

(4) 나는 많은 런던 토박이들이 무례하다는 것을 일찍이 보고 들어 왔다. 그러나 겉치장밖에는 아무것도 할 줄 모르는 바보가 사람들의 얼굴에 페인트병을 쏟아놓고는 200기니를 요구할 줄은 꿈에도 생각 못했다.

(J. Ruskin, on Whistler's painting "Nocturne in Black and Gold")

(5) 미련한 자라도 잠잠하면 지혜로운 자로 간주되고, 입을 다물고 있으면 슬기로운 자로 평가된다.

(Proverbs 17 : 28)

제3장 비형식적인 오류

1. 형식적인 오류와 비형식적인 오류
2. 비형식적인 오류의 분류

제 3 장

비형식적인 오류

일상적으로 오류라는 용어는 상식을 벗어난 잘못을 의미한다. 그러나 논리학에서는 오류라는 용어를 추리에서의 잘못이라는 한정된 의미에서 사용한다. 그런데 우리란 하나 이상의 이미 알고 있는 사실들(전제)를 근거로 해서 새로운 사실을 도출해내는 사고 작용이다. 달리 말하면 어떤 주장 혹은 사실을 이미 알고 있는 다른 사실들에 근거해서 정당화 혹은 합리화하는 과정이라고 할 수도 있겠다. 따라서 이러한 추리에서의 잘못이란 결국 이 추리의 과정에서 이미 알고 있는 사실들이 새롭게 도출된 사실에 대한 충분한 논리적 근거를 제공하지 못하고 있다는 것이 된다. 그래서 이러한 추리는 잘못된 추리가 되며, 이러한 잘못을 저지르고 있는 추리는 오류추리가 된다. 결국 오류란 어떠한 추리에 있어서 전제가 결론을 논리적으로 충분히 보증하지 못한 잘못이란 의미가 될 것이다.

주의해야 할 점은 논리학에서는 오류라는 용어를 어떤 주장이나 판단에 대해서는 사용하지 않는다는 사실이다. 어떤 명제나 판단 혹은 주장을 평가하는 논리적 용어는 참(true) 혹은 거짓(false)이다. 따라서 오류라는 말은 오직 어떤 명제를 정당화하는 혹은 합리화하는 과정 즉 추리의 과정에만 발생할 수 있는 것이다.

1. 형식적인 오류와 비형식적인 오류

추론에 있어서의 오류는 보통 형식적인(formal) 오류와 비형식적인(informal) 오류로 구분된다. 이미 서론에서 살펴보았듯이 논리학에서는 어떤 (연역)추리를 그 형식적인 측면에서 평가할 때 타당성이란 개념을 사용한다. 즉 타당한 형식의 추리와 부당한 형식의 추리가 있다. 부당한 추론이란 그 추론의 구조나 형식에 있어서 잘못을 범하고 있는 추리이다. 그러므로 부당한 모든 추론은 형식적 오류를 범한 추리이다. 이에 관련해서 다음의 예를 한번 고려해 보자.

모든 고양이는 등뼈동물이다.
모든 개는 등뼈동물이다.
그러므로 모든 개는 고양이이다.

위의 연역추론은 다음의 형식을 갖는다. 즉 ;

모든 A는 B이다.
모든 C는 B이다.
그러므로 모든 C는 A이다.

이러한 형식의 추론이 부당하다는 것은 쉽게 알 수 있을 것이다. 즉 결론을 정당화하기 위해서 사용된 전제들이 결론을 필연적으로 함의할 수 있는 형식을 가지고 있지 않다. 따라서 이 추리는 형식적인 잘못을 범하고 있는 것이다. 쉽게 말해서 부당한 추론이란 전제들이 참이라고 하더라도 그것이 필연적으로 결론의 참을 보증해 주지는 못하는 그런 형식의 추론이라고 할 수 있을 것이다. 이러한 형식적인 오류들은 결국 바른 추리를 위해서 우리가 지켜야할 형식적인 제규칙을 준수하지 않는 데서 발생한다. 타당한 추리와 타당하지 않은 추론을 구별하기 위해 사용되는 원리와 방법에 관해서는 이미 서론에서 자세히 살펴본바 있다.

그러면 타당한 추리는 결코 아무런 잘못도 범하지 않은 추리라고 할 수 있을까? 물론 형식적인 측면에서는 그렇다. 즉 타당한 추리란 적어도 형식적인 측면에서는 아무런 잘못이 없다는 것이다. 그러나 그것이 형식적으로는 아무런 잘못을 범하지 않았다고 하더라도 내용적으로는 잘못을 범할 수 있는 것이다. 다음의 예를 한번 생각해 보자.

모든 살인자는 사형당해야 한다.
모든 사형집행인은 살인자이다.
그러므로 모든 사형집행인은 사형당해야 한다.

모든 미인은 박명하다.
그녀도 미인이다.
그러므로 그녀도 박명하다.

위의 추론은 형식적으로는 아무런 잘못도 범하고 있지 않다. 즉 형식적으로는 타당한 논증이다. 그러나 내용적으로 볼 때, 이 논증은 일반적인 원리나 법칙을, 그것을 적용할 수 없는 특별한 경우에까지 무리하게 적용하여 자신의 주장을 정당화하려는 잘못을 저지르고 있다. 따라서 타당한 형식의 추리라고 하더라도 내용적으로는 오류인 추리가 있을 수 있다. 물론 형식적으로도 오류를 저지르고 있으며 동시에 내용적으로도 오류를 저지르는 추리도 있을 수 있다.

2. 비형식적인 오류의 분류

그런데 형식적으로는 타당하다고 하더라도 내용적으로 오류인 추리들이 정당한 추리인 듯 보일 수 있는 요인은 여러 가지가 있을 수 있다. 그 중 대표적인 것이 심리적(혹은 감정적) 요인, 잘못된 언어의 사용, 잘못된 귀납 등이다. 이하에서 우리는 여러 오류들을 유관성의 오류, 잘못된 귀납, 애매성의 오류로 분류하여 각각에 대해 살펴볼 것이다.

1) 유관성의 오류

일반적으로 유관성의 오류(fallacies of relevance)는 결론과는 논리적으로 무관한 전제를 갖는 논증에서 저질러진다. 그러나 유관성의 오류를 범하고 있는 논증들은 결론과 심리적으로 혹은 감정적으로 유관한 전제들을 가지고 있기 때문에 종종 바른 논증인 양 여겨지기도 한다. 그러나 그 전제가 심리적 혹은 감정적으로 결론과 유관하다고 해서 반드시 그 전제들이 결론을 필연적으로 참이게끔 보증해주는 것은 아니다. 바른 논증이 되기 위해서 전제들은 결론을 보증하는 진정한 논리적인 증거를 제시해야만 한다. 그러나 유관성의 오류를 범하고 있는 추론들에 있어서 전제와 결론은 심리적 혹은 감정적으로 유관할 뿐 진정한 논리적 관계를 가지고 있지 않다. 즉 유관성의 오류란 전제들이 단지 심리적 홍은 감정적으로 결론과 유관하다는 사실만을 가지고 어떤 결론을 도출하려거나 혹은 정당화 하려는 데서 저질러진다. 다시 말해 어떤 결론을 받아들일 만한 필연적 근거를 제시하는 대신에 그 결론을 받아들일 수도 있는 심리적 혹은 감정적인 근거를 제시하는 경우 이 유관성의 오류는 발생한다.

(1) 위력에 호소하는 논증(appeal to force: argumentum ad baculum)

이 오류는 논증자가 다른 사람에게 어떤 결론을 주장하면서, 그 결론을 정당화하기 위해, 만약 그 논증을 대하는 사람이 그 결론을 받아들이지 않을 경우 어떤 불리한 사태가 그에게 발생할 것이라고 암묵적으로 혹은 명시적으로 이야기할 때 저질러진다. 즉 이 오류는 어떤 결론을 받아들일 만한 진정한 그리고 충분한 논리적 증거를 전제로서 제시하는 대신, 그 결론을 받아들이지 않을 경우의 불리한 사태를 이야기함으로써 그 논증을 대하는 사람으로 하여금 심리적인 불안감이나 압박감, 혹은 공포감을 갖게 하고, 그에 근거해서 자신의 주장을 정당화하려는 데서 저질러진다. 결국 이러한 논증에서 결론의 정당성을 보증해주기 위해 제시된 전제는 결론을 받아들이지 않았을 경우의 불리한 사태에 대한 불안감이나 공포감 혹은 압박감이다. 그리고 이러한 불안감이나 압박감 혹은 공포 등의 감정을 일으키는 위협이나 협박 혹은 공갈에 사용될 수 있는 것은 물리적인 힘, 어떤 정보의 힘, 혹은 그가 가진 영향력을 비롯한 여러 형태의 힘일 것이다. 위력에 호소하는 논증이란 자신이 가지고 있다고 여겨지는 힘을 통해 상대방을 위협함으로써 자신의 주장을 정당화 혹은 합리화하려는 잘못된 논증의 형태이다. 이러한 오류는 분명히 논리적으로 무관한 신체적 혹은 심리적 협박에 근거해서 자신의 결론을 정당화하려고 하는 데서 성립한다. 즉 어떤 힘에 의한 협박이나 위협에 호소하는 이러한 오류는 어린아이들의 논증에서 자주 발견된다.

예: 어떤 아이가 자기친구에게 한 논증:
팽이치기가 가장 재미있는 놀이야. 왜냐하면 만약 네가 내 생각에 동의하지 않으면 나는 힘이 센 나의 형을 불러서 너를 혼내주라고 할 것이고 그렇게 되면 너는 엄청나게 맞을 것이기 때문이다.

논증의 구조:
결론 ; 팽이치기가 가장 재미있는 놀이이다.
결론을 정당화하기 위해 제시된 근거(전제) ; 내 생각에 동의하지 않을 경우, 너는 힘이 센 나의 형에게 혼이 날 것이다.

오류의 분석 :
이 논증은 상대방이 자신의 생각에 동의하지 않을 경우, 자신이 가진 간접적인 힘에 의해 신체적 고통을 가할 것이라는 위협을 자신의 결론의 정당성의 근거로 제시하고 있는 논증이다. 따라서 이 논증은 자신의 힘에 대한 상대방의 공포감에 근거해서 자신의 주장을 정당화하려는 오류를 범하고 있다. 즉 위력에 호소하는 잘못된 논증이다.

이러한 오류는 그러나 어른들 사이에서도 종종 보다 교묘히 사용되기도 한다. 즉 만약 어떤 학생이 교수에게 "당신은 나에게 A 학점을 주어야 할 것입니다. 왜냐하면 나는 당신과 그 여학생간의 불륜의 현장을 목격했고 이것을 폭로할 경우 당신의 교수직은 온전치 못할 것이며 또한 당신은 가정적으로는 물론 사회적으로도 파탄을 당할 것이기 때문입니다"라는 논증을 했을 경우, 그는 분명히 그가 협박함으로써 자신의 주장을 정당화하려는 위력에 논증을 편 것이다.

아마도 이러한 오류는 가장 원시적이고 야만적이며 비이성적인 오류일 것이다.

(2) 연민에의 논증(appeal to pity : argumentum ad misericordiam)

연민에의 논증은 논증자가 어떤 결론을 주장하면서, 자신이 처한 어려운 상황을 이야기함으로써 상대편으로 하여금 연민의 정을 불러일으키고, 거기에 근거해서 자신의 주장을 정당화하려는 바르지 못한 논증의 형태이다. 즉 논증을 대하는 사람의 동정심을 자신의 주장에 전제로 사용하는 잘못된 논증이다.

예 : 교통법규를 위반한 운전자가 교통순경에게 ;
제발 벌과금 통지서를 끊지 말아주십시오. 왜냐하면 나는 하루 벌어서 하루 먹고 사는 가난한 사람입니다. 그리고 나는 팔순노모와 어린 자식이 넷이나 있고 나의 처는 지금 병원에 입원 중입니다. 당신이 소위 딱지를 끊으면 나는 벌점이 많아 면허정지를 당하게 되어 장사를 할 수가 없게 되고 그러면 저의 노모와 자식들 그리고 저의 처는 곤란한 지경에 빠지고 말 것이 때문입니다.

논증의 구조 :
결론 ; 당신(교통순경)은 벌과금 통지서를 나에게 발급해서는 안 된다.
전제 ; 나는 어려운 처지 즉 곤경한 처지에 처한 가난한 사람이다.

논증의 분석 ;
벌과금 통지서를 발급해서는 안 될 진정한 논리적 증거(예를 들어 교통법규를 어기지 않았다는 것을 증명할 수 있는 사실이나 교통법규의 적용에 관한 예외사항 혹은 교통법규의 해석상의 차이 등)를 전제로 제시하는 대신에 그 결론과는 무관한 어려운 자신의 처지를 이야기함으로써 상대방의 연민의 정에 근거해서 자신의 주장을 정당화하려는 오류를 저지르고 있다. 즉 연민에의 논증을 하고 있다.

(3) 대중에 호소하는 논증(appeal to the people : argumentum ad populum)

거의 모든 사람은 다른 많은 사람들로부터 사랑받고, 평가받고, 존경받고, 인정받기를 원한다. 또한 보통의 많은 사람과는 다른 특별한 사람이 되기보다는 보통의 평범한 사람들의 부류에 속하기를 원한다. 대중에 호소하는 논증은 이러한 대중심리를 자신의 결론을 수락하도록 하는 데 이용함으로써 저질러진다.

이 논증은 대중심리에 직접적으로 호소할 수도 있고 또한 간접적으로 호소할 수도 있다. 직접적인 경우는 논증자가 여러 대중을 상대로 연설을 하면서 혹은 글을 쓰면서 대중들의 감정을 흥분시키거나 열광시켜, 그 군중들로 하여금 대중심리에 휩쓸리게 함으로써 자신의 주장을 정당화하려는 경우이다. 이는 거의 모든 선전 선동가에 의해 사용되는 진술이다. 이에 대한 고전적인 예로서는 시저의 주검 앞에서 로마의 시민들을 향해 행한 부르터스와 안토니오의 연설이 될 것이다. 그러나 우리는 이러한 잘못된 논증이 결과가 얼마나 위험한가하는 사실을 히틀러의 예에서 발견할 수 있다. 오늘날의 야만적인 독재국가에서는 언론에 의한 여론조작을 통해 이러한 논증을 정권의 유지를 위해 교묘히 사용할 수 있다는 사실도 민주 시민으로서는 주의해야할 점이다.

대중의 감정을 고조시키기 위해서는 취주 악단, 피켓, 박수 등 가능한 모든 수단이 동원되기도 한다.

대중에 대한 간접적인 논증은 여러 대중들을 상대로 하는 것이 아니라 개인들을 상대로 많은 사람들이 자신의 주장을 받아들이고 있다는 사실을 이야기함으로써 그들의 대중심리를 이용하여 자신의 결론을 수락하도록 유도한다. 이 경우 유행 심리를 이용할 수도 있고 허영 심리를 이용하기도 하며 심지어는 속물근성을 이용하기도 한다.

요즘 부모들의 80% 이상이 아이들에게 이 장난감을 사준다고 말하면서 그 장난감을 사주어야 한다고 논증하는 경우

올 여름에는 값이 비싼 특정 상표의 가죽 미니스커트가 유행이라면서 여러 상품 중 특정 상표의 가죽 미니스커트가 좋다고 선전하는 경우

이 차는 아무에게나 파는 차가 아니라 어느 정도의 경제력과 더불어 품위를 갖춘 소수의 사람만이 소유할 수 있다고 선전한 경우

어머니가 밥을 잘 안 먹는 어린이에게 "너 커서 후레쉬맨과 같이 되려면 밥을 잘 먹어야 한 다"고 말하는 경우

대중에의 논증은 대개 다음의 구조를 갖는다. 즉

너는 다른 사람들에 의해 사랑받고, 인정받고, 받아들여지고, 그들 속에 포함되기를 원한다. 그런데 이러이러한 결론은 많은 사람들에 의해 인정되고, 사랑받고, 받아들여지고 있는 것이다. 그러므로 너는 이러이러한 결론은 참으로 받아들여야 한다.

직접적으로 대중에 호소하는 논증의 경우에 있어서 대중심리의 고조는 그 대중들 각자 각자로 하여금 군중에 속하고자 하는 직접적인 감정을 산출한다. 그렇게 함으로써 각자 각자는 군중들과 하나가 됨을 느끼게 되고 그러한 일치감은 힘과 안전함의 감정을 느끼게 한다. 어떤 대중들의 생각에 자동적으로 동의하지 않을 경우 그는 소외될 것이고 그의 신변에 어떤 사태가 일어날지 모르며, 다

른 사람들의 인정을 받을 수 없지 않을까 하는 걱정이 대중에의 논증을 펴게 하는 요인이다.

(4) 사람에의 논증
(argument against the person : argumentum ad hominem)

사람에의 논증은 다란 사람의 주장을 반박함에 있어서 그 주장의 논리적 정당성 자체를 문제로 삼는 것이 아니라 그런 주장을 한 사람에 관련된 여러 사실을 문제 삼음으로써 다른 사람의 주장이 정당하지 못하다는 자신의 주장을 정당화하려고 할 때 저질러진다.

a) 인신공격(욕설적인 사람에의 논증)

상대방의 주장을 반박함에 있어서 그 사람에 대해 언어적으로 모욕함으로써 그 사람의 주장이 정당하지 못함을 논증하려는 경우 인신 공격적인 사람에의 논증이 저질러진다. 특히 이 논증은 상대방의 권위, 인격, 정실관계, 재산, 사상, 행실, 혹은 평판등을 부정적으로 언급함으로써, 상대방의 주장이 정당하지 못함을 증명하려는 논증이다.

예: "F. 베이컨의 주장은 정당하지 못하다. 왜냐하면 그는 뇌물을 받은 혐의로 대법관직에서 물러난 사람이기 때문이다."
"이 아무개는 우리나라의 국방제도가 이러이러하게 변화되어야 한다고 주장했다. 그러나 그의 주장은 일고의 가치도 없는 것이다. 왜냐하면 그의 군기피자이며 동선연애자이고 마리화나 상습 흡연자이기 때

문이다.”
“정부정책에 대한 L의원의 비판은 말이 안 된다. 왜냐하면 그는 전에 마르크스주의에 심취해서 공산주의 운동을 한 경력을 가지고 있기 때문이다.”
“K교수의 이론은 받아들일 수 없다. 왜냐하면 그는 자유연애주의자로서 성관계가 복잡하다고 소문이 자자하기 때문이다.”

b) 상황적 사람에의 논증

이 논증은 상대방이 처한 어떤 특별한 상황을 넌지시 암시하여 그가 당연히 그렇게 주장할 수밖에 없음을 보여줌으로써, 상대방의 주장이 정당하지 못함을 혹은 적어도 그의 주장은 심각하게 고려될만한 가치를 갖지 못했음을 증명하려는 논증이다. 욕설적인 사람에의 논증과 다른 점은 욕설적인 사람에의 논증이 여러 사람으로부터 비나의 대상이 될 수 있는 사실을 들추어내어 그를 모욕하려는 반면 상황적 사람에의 논증은 상대방이 처한 상황을 언급한다고 하더라도 그가 처한 상황 그 자체는 별로 비난받을 만한 것이 아니라는 사실이다.

“교원 봉급인상에 대한 K씨 주장은 무시해도 된다. 왜냐하면 그 자신이 교원이기에 당연히 그는 봉급인상을 지지할 것이기 때문이다.”
“노동자들에 대한 그의 주장은 엉터리다. 왜냐하면 그는 사장으로서 노동자의 편에 설 리가 없겠기 때문이다.” “신의 존재에 대한 그의 주장은 큰 설득력을 가질 수 없다. 왜냐하면 그의 독실한 기독교신자이기 때문이다.”

“교수임용에 있어서 국내에서의 연구와 강의가 높이 평가되어야 한다고 L강사는 주장하고 있다. 그러나 그의 주장은 무시되어도 된다. 왜냐하면 그는 그렇게 주장함으로써 가장 큰 이득을 볼 사람으로서 당연히 그렇게 주장할 수밖에 없는 처지에 있기 때문이다."

상황적인 사람에의 논증은 대개 다음의 구조를 갖는다. 즉 "X씨는 당연히 이런 식으로 주장할 것이다. 왜냐하면 그가 처한 C라는 상황이 그로 하여금 그렇게 밖에 주장할 수 없게 할 것이기 때문이다. 따라서 그의 주장은 정당하지 못하거나 적어도 심각하게 고려할만한 가치를 갖지 못한다."

c) 피장파장의 오류

이 논증은 자신의 어떤 주장이 정당하지 못하다는 상대방의 반박에 대해 상대방의 주장은 자신의 주장보다 더욱 정당하지 못하다거나 혹은 상대방 역시 자신의 주장과 똑같은 정도로 정당하지 못하다고 주장함으로써 자신의 주장이 상대방의 주장보다 더 정당하다고 혹은 적어도 상대방의 주장과 동일한 정도의 정당성을 가지고 있음을 증명하려는 논증이다. 상대방의 주장이 자신의 주장보다 더 옳다거나 혹은 똑같이 옳다는 사실을 증명하지는 못한다. 결국 내 주장이 옳지 못하다는 네 논증이 옳지 못하다고 해서 논리적으로 내 주장이 옳은 주장이 될 수는 없는 것이다.

나의 주장이 정당하지 못하다는 당신의 반박 역시 인식공격의 오류를 범하고 있으므로 정당하다고 할 수 없습니다. 따라서 나의 주장은 아직 오류임이 드러나지 않았습니다. 그래서 나의 주장은 정당합니다.

네가 슈퍼맨이면 나는 배트맨이다.

거짓말을 한 아들에게 아버지가 여러 이유를 들어 나무라자 그 아이가 "아버지도 저번 어린이날에 장난감을 사주신다고 약속하고 사주시지 않았잖아요, 아버지는 거짓말을 하지 말라고 하시면서 왜 거짓말을 하시는데요?"라고 말하는 경우.

(5) 우연의 오류(fallacy of accident)

이는 일반적인 정상의 혹은 보통의 경우에 적용되는 원리나 규칙을 그 원리나 규칙이 적용될 수 없는 비정상의 혹은 특별한 우연의 경우에 잘못 적용시킴으로써 저질러지는 오류이다. 대개의 원리나 규칙들은 그것이 적용될 수 있는 일정한 조건을 갖는다. 그러나 그러한 조건들이 우리가 일상적으로 경험하는 것이거나 우리가 상식적으로 알고 있는 것일 경우 우리는 그것들을 생략하여 그 규칙이나 원리를 일반적인 것으로 생각하게 된다. 이 오류는 대개 전제에서 일반적으로 적용되는 원리나 규칙을 제시한 후, 결론에서 그의 적용이 불가능한 특별한 조건을 무시하고 그 규칙이나 원리를 특수한 경우에까지 적용하는 구조를 지닌다.

언론의 자유는 헌법에 보장된 자유이다. 따라서 지난주에 복잡한 극장에서 "불이야!"라고 말한 P씨는 처벌되어서는 안 된다.

빌린 물건은 주인이 원할 때는 언제나 되돌려주어야 한다. 그런데 너는 K씨로부터 낫을 빌렸다. 그러므로 그가 지금 극도로 흥분해서

A와 다투고 있다고 하더라도 그가 낫을 되돌려 달라고 요구하면 즉시 그에게 낫을 되돌려 주어야한다.

물은 액체다. 그러므로 아무리 온도가 내려간다고 하더라도 액체상태를 유지해야지 그렇지 않으면 물이 아니리라.

너희는 어제 산 것을 오늘 먹는다. 그런데 너희는 어제 날고기를 샀다. 그러므로 너희는 오늘 날고기를 먹었음에 틀림이 없다.

너는 이아무개를 아는가? 안다. 그러면 저 복면한 사람이 누구인 줄 아는가? 모르겠다. 저 사람이 바로 이아무개이다. 너는 이아무개를 안다고 하고선 그를 몰라보다니 너의 말은 믿을 수가 없는 것이구나.

모든 판단을 중지해야만 한다. 그러므로 물에 빠져 도움을 청하는 저 사람을 구해야 할지 말아야 할지도 판단하지 말아야 한다.

(6) 허수아비 논증(straw man)

이 논증은 상대방의 논증을 공격하기 쉽도록 지나치게 단순화하거나 왜곡시켜 그 단순화시킨 혹은 왜곡시킨 논증을 격파한 후, 자신이 상대방의 진정한 논증을 격파했다고 결론짓는 논증이다. 즉 이 논증의 논증자는 상대편과 유사한 허수아비를 만들어 그를 격파하고 나서, 마치 그가 실제의 상대편을 격파한 것처럼 주장할 경우에 저질러진다.

허아무개가 마르크스의 이론의 정당성을 다소 길고 복잡하게 논증했

을 겨우 : 김아무개가 "뭐 그리 복잡하나? 간단히 말해서 너의 주장은 사회주의의 우월성이 마르크스 이론의 정당성을 증명한다는 것 아니야? 그런데 여러 동구에서도 그렇고 소련에서도 그렇고 이미 사회주의의 몰락은 증명된 것 아니겠어. 따라서 너의 주장은 정당성을 상실할 수밖에 없을 것이다."라고 논증할 경우 그는 이 오류를 범하고 있는 것이 된다.

다윈의 진화론은 한마디로 하면 원숭이가 진화해서 인간이 되었다는 것인데 그렇다면 지금도 인간으로 진화하는 원숭이가 발견되어야 하잖아. 그런데 어디서도 그런 것을 보았다는 사람이 없으니 다윈의 진화론은 정당한 것이 아니라는 사실은 증명되었다고 보아야 옳다.

김아무개는 학교에서 교회에 대해 비판했다. 그렇다면 결국 그는 종교에 대해 비판하고 있는 것이며, 그리되면 그는 분명히 무신론을 주장하고 있는 것이 틀림없다. 그런데 무신론을 주장하는 사람들은 대개 공산주의자들로서 요즘은 거의가 유신론자가 돌아서고 있다. 따라서 무신론을 지지하는 그의 주장은 정당하지 못한 것이고 결국 교회에 대한 그의 비판도 정당하지 못한 것이다.

이러한 논증의 구조는 대개 "X의 주장 혹은 논증의 한마디로 하면/간단히 요약하면/결국/극단적으로 말해/쉽게 말하자면 이런 것이다.(이 과정에서 X의 주장 혹은 논증을 쉽게 공격하기 위해 그 주장 혹은 논증을 변형시키거나 왜곡하는 일이 일어난다.) 그런데 이런X의 주장 혹은 논증(변형되거나 왜곡된)은 정당하지 못함이 쉽게 입증된다. (물론 이 왜곡된 논증이 오류임을 증명하는 논증자의 논증도 오류일 수 있다)그러므로 X의 원래 주장도 정당하지 못하다."라는 구조를 지닌다. 이러한 논증은 상대방의 진정한 주장이나 논증을 상대로 그 부당성을 입증한 것이 아님에도 불구하고 그렇게 했다고 주장함으로써 논리적 오류를 범하고 있는 것이다.

(7) 무관한 결론의 오류(missing the point : ignoratio elenchi)

우리가 지금까지 논의해 온 유관성의 오류들은 물론 모두 결론과는 논리적으로 무관한 전제들을 갖는다는 공통점을 지닌다. 그러나 우리가 무관한 결론의 오류에서 다루고자 하는 무관성은 특별한 종류의 무관성이다. "ignoratio elenchi"란 말은 원래 "증명에 관한 무지"를 의미한다. 따라서 이 오류는 자신이 제시한 전제가 과연 무엇을 증명하고 있는지를 모르는 데서 저질러진다. 즉 이 오류는 분명히 어떤 특별한 결론을 논리적으로 함의하는 전제들로부터 그 전제들과는 전혀 무관한 다른 결론을 도출할 때 저질러진다. 다시 말하면 어떤 특별한 결론을 정당화하기 위해 제시된 전제들이 논증자가 의도한 결론과는 전혀 무관한 결론을 증명하게 될 때 저질러진다. 이 경우 "증명에 관한 무지"는 논증자의 편에서 주로 일어난다.

> 요즈음 소매치기가 급증하고 있습니다. 그리고 좀도둑 또한 증가일로에 있습니다. 따라서 결론은 분명합니다. 즉 우리는 즉각 공개처형제도를 부활해야 합니다.

> 어떤 검사가 뇌물을 건네받은 혐의를 받는 모정치인의 유죄를 입증하려는 의도를 가지고 뇌물수수의 부도덕성과 사회에서의 해악, 그리고 뇌물 수수로 인한 정치부패의 결과를 여러 예들을 통해 장황하

게 이야기할 경우

어떤 교수가 사립대학의 어려운 재정상태를 증명하는 여러 증거들을 제시하면서 기여 입학제의 정당성을 주장하는 경우

한편 논쟁에서 이길 목적으로 여러 번에 걸쳐서 논점을 변경함으로써 혹은 논점을 고의로 혼란스럽게 하여 상대방으로 하여금 자신의 논증을 차분히 추적하여 음미하지 못하게 함으로써 상대방의 반박을 피해 자신의 주장을 정당화하려는 논증도 넓은 의미에서는 무관한 결론의 오류를 범하고 있다고 볼 수 있을 것이다. 이 경우에 논증자는 "증명에 관한 무지"가 상대방에게 일어나도록 유도한다고 볼 수 있다.

연습문제

1. 다음의 논증들은 과연 어떤 유관성의 오류를 저지르고 있는지 지적해 보시오

(1) 이번 취직자리에는 김군이 추천되어야 한다. 왜냐하면 그는 이미 결혼을 해서 부양해야 할 아이도 있고, 더군다나 그의 아내는 병석에 있기 때문이다.

(2) 경찰청장인 장씨는 집회와 시위에 관한 현재의 엄격한 법률이 고수되어야 한다고 주장하고 있다. 그러나 그가 왜 이런 입장을 취하는지는 분명하다. 만약 이 법률이 개정되어 금지되었던 많은 종류의 집회와 시위가 합법화된다면, 집회와 시위의 방지에 동원되었던 많은 경찰들은 할 일이 없게 될 것이고, 그렇게 되면, 그의 부하들 중, 상당수는 실직할 것이기 때문이다. 그러므로 그의 주장은 심각하게 받아들일만한 것이 못된다.

(3) 다른 사람의 몸에 칼을 들이대는 자는 누구든지 체포되어야 한다. 그런데 의사들도 수술할 때, 그들의 환자에게 분명히 칼을 들이댄다. 그러므로 의사들도 체포돼야 한다.

(4) 너는 반드시 마교수의 소설 『사라의 잔치』를 읽어야 한다.

왜냐하면 그 책은 지금 베스트셀러이며, 실제로 많은 대학생들이 그 책을 화제로 삼고 있기 때문이다.

(5) 니체의 철학은 책으로 출판될 가치조차 없는 것이다. 왜냐하면 그는 말년에 매독 때문에 완전히 미쳐버린, 하나님에게 조차 버림받은 자이기 때문이다.

(6) 우리는 요즈음 증가해가는 알콜 중독의 문제에 직면해 있다. 그러나 거의 모든 알콜 중독자들이 스스로 이러한 불행을 선택한 것은 아니다. 알콜 중독자들 중의 일부는 이미 그렇게 되도록 유전적으로 태어났으며, 또한 그 나머지는 비합리적인 사회적 제도나 정치적 체제가 그들로 하여금 알콜 중독자가 되지 않으면 안 되게 만근 것이다. 그러므로 우리는 그들을 이해하고 동정해야지 결코 천대하거나 저주해서는 안 된다.

(7) 아마도 너는 경제적인 측면을 생각해서라도 우리 동아리에 가입하는 것이 나을 것이다. 네가 우리 동아리에 가입하지 않으므로 해서 입을 피해를 한번 생각해 봐라. 아마 너는 옷이 찢기고, 이가 부러지고, 책을 빼앗기고, 돈도 많이 빼앗길 것이다. 우리는 쥐도 새도 모르게 그런 일을 할 만한 조직을 가지고 있거든.

(8) 김모 의원은 가난한 자들을 위해 사회보장제도가 확충되어

야함을 주장하고 있다. 그런데 그의 그런 주장은 결국 사회주의의 주장에 동조하는 것이어서 상당히 유감스럽다. 사회주의는 러시아에서 70년 이상 시도되었지만, 결국 비참한 종말을 고하고 말았다는 것은 우리 모두가 알고 있는 사실이다. 이 사실 하나만으로도 자본주의적 자유경쟁이 항상 더 효율적이고, 생산적이라는 것이 입증되고도 남는다. 따라서 사회보장제도의 확충보다는 보다 자유로운 경쟁의 보장이 요구된다는 것은 의문의 여지가 없다.

(9) 오늘날의 고등학교 교육은 무언가 크게 잘못되어 있다. 10년 전과 비교해 보았을 때, 학생들의 학력은 엄청나게 저하되었으며, 실제로 고등학교를 졸업해도 한자도 제대로 읽지 못하는 학생이 부지기수이며, 더군다나 예의는 더 말할 나위도 없다. 그러므로 분명한 결론은 고등학교를 없애야 한다는 것이다.

(10) T일간지 사설에서 김모 논설위원은 우리 회사가 이 도시 수질오염의 원흉들 중의 하나라고 비방했다. 그러나 수질오염의 책임은 우리보다 T일간지가 더 많이 져야 한다. 왜냐하면 그들은 K제지회사를 소유하고 있으며, 그 제지회사는 매일 수 톤의 화학폐기물을 이 도시의 강물에 쏟아붓고 있기 때문이다.

(11) 만약 이 도시 어른의 20%가 문맹자라면, 바보얼간이가 시

장에 당선된다는 것은 이상한 일이 아닐 것이다. 그리고 사실에 있어 이 도시 어른의 20%가 문맹자이다. 그러므로 바보얼간이가 시장에 당선된 것은 조금도 이상한 일이 아니다.

2) 약한 귀납의 오류

약한 귀납의 오류는 유관성의 오류에서처럼 전제와 결론 사이의 논리적 무관성에서 성립하는 것이 아니라 전제와 결론 사이에 논리적 유관성이 있기는 하지만 그 연관이 결론을 정당화하기에 충분할 정도로 강하지 못하다는 데서 성립한다. 이제 우리가 살필 논증들에 있어서 제시된 전제들은 결론을 보증하는 데 있어서 어느 정도의 증거는 제공하고 있다. 그러나 그 증거들은 건전한 상식인으로 하여금 그러한 결론을 받아들이게 할 정도로 충분히 좋은 것은 아니다. 그러나 유관성의 오류들처럼 약한 귀납의 오류들도 흔히 결론을 보증하기 위해 감정적인 근거를 이용하기도 한다.

(8) 권위에의 논증(appeal to authority)

우리는 자신의 어떤 결론을 보증하기 위하여 다른 사람의 증언이나 어떤 권위자를 인용하는 귀납 논증을 이용할 수 있다. 그러나 권위에의 논증은 이러한 권위로부터의 논증의 변형으로서(자신의 결론을 정당화하기 위해서) 인용된 권위나 증언이 적절하지 않을 때(즉 결론을 보증할 수 있는 자격을 갖지 못할 때), 혹은 인용된 권위자나 증언자가 잘못이라는 혹은 편견을 가지고 있거나 거짓말을 하고 있다는 믿을 만한 이유가 있을 때 저질러진다. 결국 권위에의 논증은 논증자가 어떤 다른 사람의 권위나 증언에 근거해서 자신의 결론을 정당화하려고 하나 그가 인용한 혹은 제시한 권위나 증언이 그 결론을 정당화할 자격을 갖지 못했을 경우에 저질러지는 오류이다. 예를 들어 보기로 한다.

> 머리가 아플 땐 목욕을 하는 것이 최고다. 왜냐하면 우리 철학과의 교수이시며 한국 철학계의 권위자이신 철학박사 김선생이 머리가 아플 땐 약을 먹는 것보다는 목욕을 하는 것이 낫다고 했기 때문이다.

이 논증의 결론은 의학적인 것과 관련되어 있다. 그러나 그 결론을 정당화하기 위해 논증 자는 철학 전문가의 권위에 근거하고 있다. 그러나 철학박사인 김 교수가 의학적인 문제에 있어서 과연 전문가인지는 충분히 의심스럽다. 그러므로 위의 논증은 분명히 권위에의 논증이란 오류를 범하고 있다. 결국 특정한 분야의 이론이나 주장에 관하여 그 분야가 아닌 다른 분야의 권위에 호소하여 그 이론이나 주장을 증명 혹은 반증하려는 논증은 이러한 오류를 저지르게 된다.

그러나 어떤 사람이 과연 어떤 결론을 보증해 줄 수 있는 자격이 있는 사람인지를 결정하는 일은 쉬운 일이 아니다. 이와 관련하여 적어도 다음의 세 가지가 고려되어야 한다. (1) 어떤 사람은 한 가지 이상의 분야에서 권위자일 수 있다. (2) 어떤 사람은 일군의 사람과 관련해서는 권위자일 수 있으나, 다른 일군의 사람들에 대해서는 권위자일 수 없는 경우가 있다. 예를 들어 철학박사인 모교수는 철학을 전공하지 않는 많은 사람들과 관련해서는 전문가적인 권위를 가질 수 있다. 그러나 그는 또한 많은 동료 철학박사들 사이에서는 전문가적인 권위를 인정받지 못할 수도 있다. (3)

실제로 어느 누구도 권위자로고 인정될 수 없고 또한 인정하지 않는 그런 분야가 있을 수 있다. 예를 들어 유산에 관한 문제, 안락사 혹은 뇌사와 같이 생명에 관계된 문제, 종교적인 문제, 종교적인 문제, 혹은 현재 진행 중인 정치적인 문제 등에 관한 논쟁에 있어서는 실제로 권위가 근거할 수 있는 어떤 합의된 지혜도 존재하지 않는다고 볼 수 있을 것이다.

한편 신뢰할 수 없는 증언에 근거해서 자신의 결론을 정당화하려고 한다거나 상대방의 주장을 반박하려는 논증도 이러한 오류를 범한 것이 된다. 예를 들어 어떤A라는 사람과는 앙숙관계에 있는B의 신뢰할 수 없는 증언을 통해 A의 잘못을 증명하려고 한다든지, 자유롭지 못한 상태에서의 K의 증언을 통해 J의 유죄를 증명하려고 한다면 이는 권위에의 논증의 또 다른 형태로 보아야 할 것이다.

이러한 논증은 인용된 권위나 증언이 결론을 보증할 자격이 없거나 혹은 신뢰할 수 없다는 점을 지적, 폭로함으로써 그 권위나 증언이 결론을 보증하기에 충분하지 못하다는 것을 밝힐 수 있다.

(9) 무지에의 논증(appeal to ignorance : argumentum ad ignorantiam)

이 논증은 어떤 것에 관해 지금까지 어떤 방식으로든 아무 것도 증명되지 않았다는 전제에 근거해서 그것에 관해 어떤 결정적인 결론을 도출하는 논증이다. 즉 이 논증은 결론에서 주장된 명제가 아직 거짓으로 혹은 참으로 증명되지 않았다는 사실에 근거해서 그 결론이 참으로 혹은 거짓이라고 주장하는 잘못된 논증이다. 이런 논증은 증명될 수 없는 혹은 아직 증명되지 않은 문제들에 관한 논증에서 자주 일어난다. 예를 들어 보기로 하자.

> 사람들은 수세기에 걸쳐 점쟁이들이 신통력을 지녔다는 주장을 뒷받침할 결정적인 증거를 확보하려고 노력했다. 그러나 어느 누구도 성공할 수 없었다. 그러므로 점쟁이들이 신통력을 지녔다는 주장은 거짓이라고 결론지어야 한다.

> 사람들은 수세기에 걸쳐 점쟁이들이 신통력을 지녔다는 주장을 반증하려고 노력했다. 그러나 누구도 결코 성공하지 못했다. 그러므로 우리는 점쟁이들이 신통력을 지녔다는 주장은 참이라는 결론을 내려야 한다.

바른 논증이 되기 위해서 전제는 결론에 대한 적극적이고 긍정적인 증거들을 제공해야 함에도 불구하고 위의 논증들에 있어서 전제들은 점쟁이들의 신통력 자체에 관해서는 아무것도 알려주지 않고, 다만 불특정한 어떤 사람들이 그것을 증명하려고 혹은 반증하려고 노력했음에도 실패했다는 사실만을 제시하고 있을 뿐이다. 물론 이러한 사실은 우리가 그 결론을 받아들일 만한 미미한 이유를 제공할 수는 있지만 그런 결론을 보증하기에 충분하지는 않다. 따라서 무지에의 논증이라는 오류를 저지르고 있다. 이 오류는 일반적으로 어떤 것을 입증하거나 반증할 방도를 모른다는 사실이 그것의 위 또는 참을 주장할 충분한 근거일 수는 없다는 것을 모르는 데서 저질러진다.

그러나 우리는 이 논증과 관련하여 두 가지 예외를 고려해야만 한다. 즉 우선 어떤 주장에 대한 증명이나 반증을 위한 탐구가 그 분야에서의 전문가들에 의해 체계적인 방식으로 행해 졌음에도 불구하고 그 주장에 대한 증명이나 반증이 불가능했을 경우 그에 근거한 결론은 비록 연역적으로는 부당하나 귀납적으로는 상당히 강한 바른 논증이 될 것이다.

> 여러 분야의 과학자들로 구성된 연구팀이 수십 년 간, 스스로 발광하는 기체의 존재를 발견하려 노력하였으나 실패했다. 그러므로 스스로 발광하는 기체는 존재하지 않는다.

위의 논증에 있어서의 전제는 결론을 완전히 보증해 주는 것은 아니지만 그 결론을 받아들일 만한 충분한 증거를 제시하고 있다고 보여진다. 왜냐하면 주어진 상황에서 만약 스스로 발광하는 기체가 존재했다면 전문가들의 체계적인 탐구에 의해 밝혀졌을 가능성이 큰 것으로 보이기 때문아다.

두 번째의 예외로 우리가 고려해야 하는 경우는 법정에서의 경우이다. 즉 법정에서의 피고 측에 의한 이 논증은 바른 논증으로 인정된다는 점이다.

> 존경하는 재판장! 지금껏 검사는 피고에 관한 이러저러한 사실들을 이야기 했습니다만 그는 결코 피고가 뇌물을 수수했다는 사실을 증명하는 결정적인 증거나 증인을 제시하지는 못했습니다. 기껏해야 그는 피고가 뇌물을 수수했을 것이라는 정황을 이야기 했을 뿐입니다. 그러므로 피고는 무죄로 판결되어야만 합니다.

위의 변호사의 논증은 검사가 피고의 유죄를 증명할 수 없으므로 피고의 유죄라는 그의 주장은 정당하지 못하며 따라서 피고는 무죄라는 것이다. 이에 대해 검사는 똑같이

> 재판장! 마찬가지로 변호사는 그가 뇌물을 수수하지 않았다는 것을 증명하지는 못했습니다. 따라서 피고가 무죄라는 변호사의 주장은 정당하지 못하며, 피고는 유죄임을 확실합니다.

라는 논증으로 맞설 수도 있을 것이다. 이러한 경우 물론 두 논증이 모두 똑같이 무지에의 논증을 하고는 있으나 법에 의해 피고측의 무지에의 논증은 인정될 수도 있으며, 사실 우리나라를 비롯한 여러 나라에서는 이러한 피고인측의 논증을 인정해 주고 있는 실정이다.

(10) 성급한 일반화의 오류(hasty generalization)

성급한 일반화의 오류는 귀납적 일반화의 형태를 취한다. 귀납적 일반화란 선택된 표본들이 지니고 있는 증거들로부터 그 표본들이 속한 집단의 모든 구성원에 관해 어떤 결론을 도출하는 논증이다. 성급한 일반화의 오류는 이러한 귀납적 일반화의 과정에서 그 표본이 그 집단을 대표하지 못할 가능성이 많을 때 저질러진다. 이러한 가능성은 결론을 보증하기 위해 추출된 표본이 너무 적게 혹은 무작위적이지 않게 선택되었을 경우에 더욱 커진다.

A지방 출신인 김씨는 피해의식이 강하다. 같은 지방출신인 이씨도 마찬가지고 박씨도 그렇다. 따라서 일반적으로 A지방출신 사람들은 피해의식이 강한 사람들이다.

눈이 큰 A는 겁이 많다. B와 C도 눈이 큰데 겁이 많더라. 그러니 일반적으로 눈이 큰 사람은 겁이 많다.

위의 논증들은 단지 세 가지의 경우만을 언급하는 전제로부터 그 집단 전체에 관한 결론을 도출하고 있다. 그러나 이처럼 적고 비정형적인 표본은 일반적인 결론을 보증하기에는 충분하지 못하기 때문에 위의 논증들은 성급한 일반화의 오류를 저지르고 있다고 볼 수 있다. 특히 첫 번째 예는 지역적, 종교적 혹은 인종적인 편견이 성급한 일반화로 인해 발생하고 심화될 수 있다는 사실을 잘 보여주고 있다.

이러한 성급한 일반화의 오류는 역도우연의 오류(fallacy of converse accident)라고 불리기도 한다. 즉 이 오류는 우연의 오류와는 반대로 특수한 경우에만 참인 어떤 것을 일반적인 원리나 규칙으로 삼아 이를 일반적인 경우에까지 적용시키려고 하는 오류이다. 즉 몇 개의 우연한 경우를 근거로 이를 조급하게 일반화시킬 경우에 저질러지는 오류이다. 예컨대 환자에게 투여된 마약의 효과를 몇몇 경우를 통해 예로 들면서 마약의 일상적인 사용을 주장한다든지, 몸이 아파 결석한 학생의 경우를 예로 들면서 무단결석한 학생이 자기도 같은 대우를 해달라고 조르는 경우는 이 오류를 저지르고 있다고 할 수 있을 것이다.

물론 우리는 일반적인 명제를 어떤 사례들을 기초로 하여 도출할 수 있다. 그러나 그 경우 그 사례들은 무작위로 널리 매거되어야 하며 또한 대표적인 사례들이어야 할 것이다.

(11) 거짓 원인의 오류(fallacy of false cause)

거짓 원인의 오류는 전제와 결론 사이의 연결이, 실제로는 존재하지 않는 어떤 추측된 인과관계에 의존할 때 저질러진다. 즉 논증자가 어떤 두 사건은 전혀 인과관계를 갖지 않음에도 불구하고 마치 두 사건이 어떤 인과관계를 갖는 것인 양 잘못 추측함으로써 저질러진다. 이러한 잘못된 추측에는 두 가지 유형이 있을 수 있다.

첫 번째는 선후인과의 오류(post hoc ergo propter hoc : after this, therefore because of this)로서 어떤 사건이 다른 사건보다 단순히 시간적으로 앞서 일어났다는 사실만 가지고서 앞선 사건을 뒤따르는 사건의 원인으로 간주하는 오류이다.

지난 두 달 동안의 경기에 있어서, 치어걸들이 노란색 리본을 매고 응원을 할 때마다 A팀은 경기에서 패배했다. 그러므로 앞으로 패배하지 않기 위해서는 치어걸들이 노란색 리본을 매지 않아야 한다.

아침에 상여가 나가는 것을 보고 오후에 좋은 일이 있었다. 따라서 오후의 좋은 일은 아침에 상여를 보았기 때문이다.

까마귀가 날자 배가 떨어졌다. 그러므로 까마귀가 날아간 사건이 배가 떨어진 사건의 원인이다.
네가 나가고 난후에 그녀가 신경질을 내기 시작했다. 그러므로 네가 나간 것이 그녀가 신경질을 내게 한 원인이다.

물론 원인은 항상 시간적으로 결과에 앞서지만, 어떤 사건이 시간적으로 앞선다고 해서 그것이 필연적으로 나중 사건의 원인이 되는 것은 아니다. 즉 시간적 선후관계는 인과 관계가 가져야 할 필요조건이기는 하지만 충분조건은 아니다. 그럼에도 불구하고 이런 오류에 근거한 미신이나 소위 징크스를 믿는 사람은 의외로 많다.

두 번째로는 어떤 사건이 다른 사건의 진정한 원인이 아님에도 불구하고 진정한 원인으로 잘못 추측하는 오류이다(non cause pro cause : not the cause for the cause). 이 경우 단지 시간적인 선후관계 이외의 어떤 것에 근거한 잘못된 추측에서 저질러질 수도 있다.

그는 단 것을 좋아한다. 그런데 그는 고운 피부를 지니고 있다. 그러므로 고운 피부가 단 것을 좋아하게 하는 원인이다.

물가도 오르고 임금도 올랐다. 그러므로 임금인상이 물가인상의 원인이다.

유럽에는 구름 낀 날이 많다. 그리고 그들의 철학은 굉장히 명확하지 않다. 그러므로 그들의 철학이 어두운 것은 그들 나라의 날씨가 원인이다.

거짓원인의 오류는 실제로 두 현상이 인과적으로 관계되어 있는

지를 결정하기가 쉽지 않을 뿐 아니라 설사 두 현상이 인과적으로 관계되어 있다고 하더라도 어떤 것이 원인이고 어떤 것이 결과인지를 분간하기가 어렵기 때문에, 어떤 때는 매우 설득적인 논증으로 보여지기도 한다. 사실 통계적 수치만을 가지고 두 현상 간의 인과관계를 추리하는 일은 매우 위험스럽다. 예를 들어 우리는 통계적으로 흡연자가 비흡연자보다 폐암 환자가 많다는 사실을 안다. 그러나 우리는 이 통계 수치를 통해서 여러 사실을 추리할 수도 있다. 즉 어떤 유전적 요인이 이 두 현상을 함께 일어나게 한다고 결론을 내릴 수도 있고, 폐암이 흡연욕구를 자극하는 원인이라고 결론지을 수도 있다.

(12) 연쇄반응의 오류(파국에의 논증 : slippery slope)

거짓원인의 한 변형된 형태로서 이 오류는 논증의 결론이, 어떤 사건이 종국에는 바람직스럽지 못한 결과를 초래하는 연쇄반응을 일으키게 될 것 - 실제로는 그러한 연쇄반응이 일어날 것이라고 생각하기에 충분한 근거가 없음에도 불구하고-이라는 주장에 근거할 때 저질러진다. 예를 들어보자.

> 도색잡지의 판매를 금지하는 법이 즉시 그리고 전면적으로 실시되어야 한다. 왜냐하면 도색잡지의 제작과 판매는 거의 확실히 강간과 근친상간과 같은 성관련 범죄를 증가시키는 결과를 낳을 것이요 이러한 결과는 다시 점차로 사회의 도덕적 근간을 해치게 될 것이고 그리되면 모든 종류의 범죄가 증가하는 결과를 초래할 것은 명약관화하기 때문이다. 또한 그렇게 되면 법과 질서의 완전한 해체가 일

> 어나게 될 것이고 이는 종국적으로는 문명의 총체적인 부패를 낳게 할 것이다.

단지 도색잡지를 금지하지 않는다고 해서 이러한 무시무시한 결과들이 일어날 것이라고 생각하는 것은 충분한 이유를 갖지 못했기 때문에 이 논증은 오류이다. 또는 이와는 정반대되는 다음의 논증을 고려해 보자.

> 도색잡지를 금지하려는 시도는 근본적인 시민권을 위협하는 것으로서 즉시 포기되어야한다. 만약 도색잡지가 금지된다면 신문이나 잡지의 검열은 곧 닥칠 것이요, 그리되면 계속해서 교과서와 정치적 발언 및 가의식 안에서의 교수의 강의내용도 검열의 대상이 될 것이다. 그리되면 종국적으로는 정부에 의한 정신의 완전한 통제가 불가피하게 일어날 것이다.

라는 논증 역시 같은 오류를 저지르고 있다.

일어난다고 주장된 연쇄반응이 실제로 일어날지 일어나지 않을지가 확실하지 않을 경우, 이 오류가 저질러졌는지 혹은 저질러지지 않았는지를 결정하는 것은 어려운 일이다. 이 물음은 다음에 더 자세히 논의될 것이다. 그러나 대부분의 이 오류들은 어떤 행위나 정책이 좋지 않다는 논증자 측의 단순히 주관적이고 감정적인 확신에 근거하고 있으며, 논증자는 만약 어떤 행위가 취해졌을 경우 혹은 어떤 정책이 취해졌을 경우 발생할지도 모를 모든 종류의 비참한 어마어마한 결과를 인용함으로써, 그 행위나 정책에 대한 자신의 반대를 정당화하기 위한 지지를 날조하려고 하는 데서 저질러진다. 이러한 경우 그러한 논증은 분명히 이러한 오류를 범한 것으로 볼 수 있을 것이다.

(13) 약한 유추(weak analogy)

이러한 오류는 유추에 의한 귀납논증의 형태를 취한다. 유추로부터의 논증은 두 사물 혹은 두 상황 사이의 유비 혹은 유사성이 존재한다는 사실에 근거해서 어떤 결론을 도출하는 논증이다. 약한 유비의 오류는 이 과정에서 그 유비 혹은 유사성이 그것으로부터 도출된 결론을 보증하기에 충분할 정도로 강하지 못할 때 저질러진다. 예를 들어보자.

> 김씨의 새 차는 밝은 파란색이고, 가죽으로 의자덮개를 했다. 그리고 연비가 굉장히 높다. 그런데 이씨의 새 차도 밝은 파란색이고 가죽 의자덮개이다. 그러므로 그 차도 아마 역시 높은 엽리를 가지고 있을 것이다.

차의 색상이나 의자덮개의 종류는 연료소모와는 아무런 관계를 가지고 있지 않기 때문에 이 논증은 오류이다. 유비를 통한 귀납논증의 근본적인 구조는 다음과 같다.

> A라는 사물 혹은 상황은 a, b, c 그리고 z라는 속성을 지닌다.
> B라는 사물 혹은 상황은 a, b, c라는 속성을 지닌다.
> 그러므로 아마도 B라는 사물 혹은 상황도 역시 z라는 속성을 지닐 것이다.

이러한 형식을 갖는 논증을 평가하기 위해서는 두 단계의 절차가 요구된다. 즉 (1) 과연 A와 B는 a, b, c라는 속성을 공통적으로 가지고 있는가를 확인해야 하고, (2) 결론에서 언급된 z라는 속성이 어떤 방식으로 a, b, c사이에 어떤 인과적인 혹은 체계적인 관계가 존재한다면 그 논증은 강한 귀납논증이 될 것이요, 그렇지 못한다면 약한 귀납논증으로서 약한 유비의 오류를 범한 것이 될 것이다. 위의 논증에서 두 사물은 그것이 차라는 속성, 그리고 그것이 아침으로 해서 갖는 속성-즉 네 바퀴를 가졌다는 것 그리고 색과 의자 덮개의 재질 등-을 공통적으로 가지고 있다. 그러나 이러한 속성들 중의 어느 것도 자동차의 연비와는 체계적으로 혹은 인과적으로 관계되지 않기 때문에 위의 논증은 약한 유비의 오류를 범하고 있다. 다음의 논증을 검토해 보자.

> 전선을 통한 전류의 흐름과 관을 통한 물의 흐름은 유사하다. 그런데 분명히 좁은 관은 넓은 관보다 물을 저게 흘려보낸다. 그러므로 유사한 이유로 가느다란 전선은 굵은 전선보다 적은 저류를 흐르게 할 것이다.

> 전선을 통한 전류의 흐름과 관을 통한 물의 흐름은 유사하다. 그런데 물이 언덕에서 관을 통해 흘러내릴 때 물의 압력은 언덕 위에서보다는 아래에서 더 세다. 이와 마찬가지로 우리는 전류가 전선을 통해 언덕 아래로 흐를 때 언덕 아래서의 전압이 언덕 위에서의 전압보다 높다고 말할 수 있다.

위의 논증들은 둘 다 관을 통한 물의 흐름과 전선을 통한 전류의 흐름 사이의 유사성에 근거하고 있다. 위의 두 경우에 있어서 관 혹은 전선의 굵기와 흐름의 양 사이에는 체계적인 관계가 있다. 첫 번째의 경우 이 체계적인 관계는 전제와 결론 사이의 강한 연관을 제공한다. 그러므로 첫 번째의 논증은 바른 혹은 좋은 귀납추리이다. 그러나 두 번째의 논증에 있어서는 높이의 차이와 압력의 증감 사이에 존재하는 인과관계는 물에 있어서는 적용이 가능하지만 전류에 있어서는 적용되지 않는다. 관을 통한 물의 흐름은 중력에 의해 영향을 받지만 전선을 통한 전류의 흐름은 중력의 영향을 받지 않는다. 그러므로 두 번째 논증은 오류이다.

유비를 통한 귀납논증에 관한 이론이나 평가는 모든 논리학에 있어서 가장 복잡하고 난해한 주제 중의 하나이다.

연습문제

1. 다음 논증의 오류를 지적해 보시오.

(1) 여지껏 어느 누구도 초감각적인 지각의 실재를 증명하지 못했다. 그러므로 초감각적인 지각은 미신일 뿐이다.

(2) 정치인 K씨의 연설이 있고 난 후, 학생들의 시위가 과격해졌다. 그러므로 학생들의 과격시위를 방지하기 위해서 K씨는 더 이상 연설을 해서는 안 된다.

(3) 신발을 신어 보지 않고는 어느 누구도 그 신을 사지 않을 것이다. 그러므로 젊은 남녀가 혼전에 잠자리를 같이 하는 것은 자연스러운 것이다.

(4) K시에는 어느 다른 도시보다도 많은 교회가 있다. 그리고 다른 어느 곳보다도 그 도시에는 범죄가 많다. 그러므로 범죄를 줄이기 위해서는 그 도시에서 교회의 숫자를 줄여야 한다.

(5) 어제 나와 데이트한 김군은 나에게 강제로 포옹하려고 했다. 그리고 저번에 나와 데이트한 이군은 입맞춤을 하려고 했다. 이로 미루어 남자들은 다 똑같다. 그들은 성에 굶주린 늑대임에 틀림없다.

(6) 인기배우인 최모양과 핵물리학의 권위자인 김박사가 핵개발은 즉시 중단되어야 한다고 말했다. 그러므로 우리는 핵개발을 즉시 중단해야 한다.

(7) 우리는 기계가 고장났을 경우 그 부품을 뜯어내고 새로운 부품으로 갈아 끼운다. 이와 마찬가지로 신체의 일부분이 고장 나면 즉시 그 부분을 제거한 후, 인공품이건 아니면 다른 사람의 것이건 새로운 것으로 대체해야 한다.

(8) 월요일 날 나는 소주 한 병과 콜라 두 병을 섞어서 마셨는데, 다음날 골이 아팠다. 수요일도 역시 소주 한 병과 콜라 두 병을 섞어 마셨는데, 다음날 골이 아팠다. 금요일도 마찬가지였다. 그러므로 골이 아프지 않기 위해서는 콜라와 소주를 섞어 마셔서는 안 된다.

(9) 매너가 좋은 김군, 박군, 정군은 알고 보니 바람둥이다. 그러므로 매너가 좋은 남자는 모두 바람둥이이므로 조심해야 한다.

(10) 논리학 공부를 열심히 하지 않으면 이번 시험에 낙제하게 되고, 그리되면 장학금도 못 타게 되고, 그렇게 되면 모든 사람이 너를 비웃게 되고, 결국 사랑하는 그녀와 헤어져야만 될 것이다. 그러니 논리학 공부는 열심히 해야만 한다.

3) 가정, 애매성, 문법적 유비의 오류

가정의 오류는 선결문제 요구의 오류, 복합질문의 오류, 잘못된 이분법, 은폐된 증거의 오류 등을 포함한다. 이러한 오류들은 전제가 결론과 무관하기 때문에 혹은 전제가 결론을 믿기에 충분한 이유를 제공하지 못하기 때문에 생겨나는 것이 아니라, 전제가 증명하고자 하는 것을 전제 자신이 이미 가정하고 있기 때문에 저질러진다. 선결문제요구의 오류는 어떤 전제가 참이 아닐 수도 있다는 사실을 숨기려 하고 복합질문은 질문에 숨겨진 가정의 진리성을 수립할 대답을 하도록 응답자를 속이려고 한다. 잘못된 이분법의 오류는 "이것이냐 저것이야"의 모두 잘못된 선택지가 유일한 선택지임을 가정한다.

애매성의 오류는 애매구의 오류와 애매어의 오류를 포함한다. 이러한 오류는 전제나 결론 혹은 그 모두에서 어떤 형태의 애매성이 일어남으로써 저질러진다. 전제나 결론 혹은 그 모두에서 어떤 형태의 애매성이 일어남으로써 저질러진다. 우리는 제 4장에서 애매성과 모호성에 대해서 알아볼 것이다. 즉 어떤 개념에 있어서 그것이 적용될 수 있는 범위가 본명하지 않을 때, 그 개념은 모호한 개념이라고 하고, 한편 어떤 개념이 주어진 문맥에서 상이하게 해석될 여지가 있을 때, 그 개념은 애매한 개념이 된다. 예를 들어 "다리", "보수", "손", "배"와 같은 개념은 애매하다. 한편 "행복", "사랑", "풍기문란" 등의 개념은 애매하지는 않지만 모소한 개념이다. 그러나 애매성은 단지 개념에 국한된 것은 아니다. 즉 애매하지 않은 개념들로 구성된 구나 문장전체가 그 문법적 구성으로 인해 전체적으로 애매할 수가 있다. 예를 들어 "아빠는 나보다 엄마를 사랑해" 라는 문장은 애매하지 않은 개념들로 구성되어 있으나 그 문법적인 구성을 인해 두 가지 상이한 주장으로 해석될 수도 있다. 논증의 결론이 애매한 개념이나 문장에 주어지는 어떤 해석에 근거할 때, 그 논증은 애매성의 오류를 범하게 된다.

문법적 유비의 오류는 결합의 오류와 분해의 오류를 포함한다. 이러한 오류를 저지르고 있는 논증들은 모든 측면에서 좋은 다른 논증과 문법적으로 유사하다. 이러한 문법적 구조에 있어서의 유사성 때문에 실제로는 오류임에도 불구하고 바른 추리인양 보이기도 한다.

(14) 선결문제 요구의 오류(begging the question : petitio principii)

선결문제 요구의 오류는 논증자가, 중심이 되는 전제가 참이라는 것이 의문시 됨에도 불구하고 그것을 숨기려는 표현을 사용할 때 저질러진다. 만약 그러한 논증을 대하는 자가 속아서 그 중요한 전제가 참이라고 생각하게 되면, 그는 그 논증이 바르지 않음에도 불구하고 건전하다고 생각하게 될 것이다. 이러한 오류가 일어나기 위해서는 두 가지 조건이 충족되어야 한다. 즉

1. 논증은 형식적으로 타당해야 한다.
2. 중요한 전제가 참이라는 것이 의심의 여지가 있다는 사실을 숨기는 어떤 형태의 표현이 사용되어야만 한다.

① 결론을 보증하기 위해 사용된 전제 중 중요한 전제가 참이 아닐 수도 있다는 사실을 감추기 위해서 사용될 수 있는 표현의 종류는 여러 가지일 수 있다. 그 중에는 의심스러운 전제를 보증하기 위해서 결론을 사용하는 경우도 있다. 또한 전제와 결론이 약간 상이한 방식이긴 하지만 같은 것을 말하는 경우도 이에 포함된다. 예를 들어

사형제도는 살인죄와 유괴죄에 대해서는 정당화된다. 왜냐하면 그러한 가증스럽고 비인간적인 죄를 저지른 사람이 처형되는 것은 지극히 적법하고 적절하기 때문이다.

사형제도가 "정당화된다"고 말하는 것은 그것이 "적법하고 적절하다"고 말하는 것과 동일한 것을 의미한다. 전제와 결론이 동일한 것을 의미하기 때문에 전제가 참이라면 결론도 역시 참이라는 사실은 확실하다. 그러므로 그 논증은 형식적으로 타당하다. 남아있는 유일한 문제는 전제가 과연 참이냐 하는 것이다. 논증의 맥락과는 별도로 전제를 읽는다면 그 전제는 참이 아니라 기껏해야 참일 개연성이 있는 명제이다. 그러나 위의 경우에서처럼 그것이 결론에 앞서 올 때는 그의 진리성이 강하게 된다. 이러한 강화는 동일한 것을 약간 상이한 두 가지 방식으로 말함으로서 결과 되는 심리적 허상에 의해 일어나게 된다. 하나의 명제가 그것이 반복된다는 것이 분명히 드러나지 않으면서 두 가지 혹은 그 이상의 방식으로 반복될 때, 그 명제의 암시된 진리성은 강화되게 마련이다.

② 선결문제 요구의 오류의 다른 형태는 논증의 연쇄의 형태를

취한다. 예를 들어 보자.

> K자동차 회사는 분명히 한국 내에서 가장 우수한 자동차를 생산해낸다. 우리는 그들이 가장 훌륭한 다자인 기술자들을 보유하고 있기 때문에 가장 훌륭한 자동차를 생산한다는 사실을 안다. 그들이 가장 훌륭한 디자인 기술자들을 보유할 수 있었던 이유는 그들이 다른 회사보다 그들에게 더 많은 보수를 줄 수 있었기 때문이다. 그 회사는 한국에서 가장 훌륭한 자동차를 생산하기 때문에 분명히 그 회사는 그들에게 더 많은 보수를 제공할 수 있다.

이 논증의 연쇄에 있어서 최후의 결론은 처음에 이미 진술되었다. 이 결론의 진리성은 연쇄에 있어서의 각각의 연관에 의존한다. 그리고 궁극적으로 그 결론의 진리성은 최후의 결론과 동일한 것을 주장하는 최초의 전제에 의존한다. 위의 예는 왜 선결문제 요구의 오류가 종종 순환논증이라고 불려지는지를 보여준다. 이와 같은 논증에서 사용된 교묘한 기만술은 최후의 결론과 최초의 전제 사이에 몇몇의 진술들이 개입한다는 사실에 의존한다. 그러한 논증을 대하는 사람들은 그러한 논증의 미로에서 길을 잃기가 쉽고, 모든 명제가 어떤 다른 명제들에 의해서 보증되는 듯이 보이기 때문에 그들은 최후의 결론이 필연적으로 참인 것으로 생각하도록 속임을 당할 수 있다. 그 논증을 대하는 사람이 깨닫지 못할 수 있는 것은 최후의 결론은 실제로는 단지 자기 자신에 의해서 보증 받고 있고 따라서 다른 어떤 것에 의해서도 보증 받고 있지 못하다는 사실이다.

③ 선결문제 요구의 오류의 세 번째 형태는 논증을 형식적으로

타당하게 하는데 필요한 의심스러운 전제가 완전히 무시되었을 경우에 저질러진다.

살인은 도덕적으로 옳지 못하다. (사실이 이러할 진대) 이것은 사실이므로 (사실이 그러하므로) 유산은 도덕적으로 옳지 못하다는 결론이 도출된다.

이 논증에서 완전히 무시된 의심스러운 전제는 "유산은 살인의 한 형태이다"라는 것이다. 이 논증은 "당신은 유산이 살인의 한 형태라는 것을 어떻게 아는가?"라는 선결문제를 요구한다. 물론 진술된 전제 즉 살인은 도덕적으로 옳지 못하다는 전제는 논란의 여지가 없이 참이다. 그리고 "사실이 이러할진대(사실이 이러하므로)"라는 구절은 진술된 전제가 필요한 모든 것인 양 보이게 한다. 만약 이 논증을 대하는 사람이 진술된 전제의 진리성에 집중하여 논증을 완성하는 데 필요한 의심스러운 전제를 간과한다면, 그는 이 논증을 건전한 것으로 받아들이기 쉬울 것이다.

선결문제 요구의 오류의 본질적 특징은 핵심적인 전제의 진리성에 관한 의문을 감추려는 어떤 형태의 문구가 사용된다는 것이다. 만약 이 핵심적인 전제가 명백히 참이라면, 그러한 은닉 혹은 생략은 상관이 없고 어떤 오류도 생겨나지 않을 것이다. 다음의 논증을 고려해 보자.

눈은 희다.
그러므로 눈은 희다.

이 논증은 타당하고 전제도 참이다. 그러므로 이 논증은 건전하고 아무런 오류도 범하지 않았다. 많은 논리학 교과서들이 이와 같은 논증을 선결문제 요구의 오류의 예로 취급한다. 그러나 이 논증은 어떠한 오류도 저지르지 않았다는 것이 우리의 주장이다.

petitio principii라는 말은 "애초(시작)의 가정"을 의미한다. 즉 논증이 애초(시작)에 하려고 시도한 것(착수하는 것)이 증명되는 대신에 가정된다는 것을 의미한다.

(15) 복합질문의 오류(complex question)

복합질문의 오류는 실제로는 두 개(혹은 그 이상)의 물음인 하나의 질문이 물어지고, 그에 대해 하나의 답변을 요구하며 그 대답을 두 가지 질문 모두에게 적용할 때 저질러진다. 모든 복합질문은 어떤 조건의 실재를 가정한다. 상대편의 대답이 복합질문에 부가될 때, 추정된 조건을 수립하는 논증이 발생한다. 이처럼 복합질문은 비록 논증자체는 아니지만 암암리에 논증을 포함하고 있다. 이 논증은 보통 복합질문의 답변자로 하여금 그가 복합질문을 받고 단순한 답을 하도록 강요되지 않았더라면 인정하기를 원치 않았을지도 모르는 어떤 것을 인정하도록 하는 덫에 걸려들도록 의도한다. 예를 들어

이제 당신은 시험에서 부정행위를 하지 않기로 했는가?
너는 훔친 과자를 어디에 숨겼니?

만약 답변자가 첫 번째 질문에 대해 "그렇다"라고 답했고 두 번째 질문에 대해 "책상 밑에"라는 답변을 했다고 가정해 보자. 그러면 다음과 같은 논증이 생겨나올 것이다. 즉 ;

> 나는 너에게 시험에서 이제 부정행위를 하지 않기로 했는가라고 물었고 너는 "그렇다"고 대답했다. 그러므로 당신은 과거에 시험에서 부정행위를 해왔다고 결론지을 수밖에 없다.

> 나는 당신에게 당신이 훔친 과자를 어디에 숨겼느냐고 물었고 당신은 "책상 밑에"라고 답했다. 그러므로 너는 사실 과자를 훔쳤다고 결론을 내릴 수밖에 없다.

다른 한편 답변자가 첫 번째 질문에 대해서 "아니오"라고 그리고 두 번째 질문에 대해서 "아무데도 감추지 않았다"고 대답했다고 가정해 보자. 그 경우 다음의 논증이 역시 가능할 것이다. 즉;

> 나는 너에게 시험에서 이제 부정행위를 하지 않기로 했는가라고 물었고 너는 "아니오"고 대답했다. 그러므로 너는 아직도 부정행위를 계속하고 있음에 틀림없다.

> 나는 당신에게 당신이 훔친 과자를 어디에 숨겼느냐고 물었고 너는 "아무데도 숨기지 않았다"라고 답했다. 그러므로 너는 과자를 훔쳐서 다 먹어버린 것이 틀림없다.

그러나 분명히 위의 각각의 질문은 실제로는 두 가지의 질문이다. 즉 너는 과거에 시험에서 부정행위를 했는가? 과거에 부정행위를 했다면 이제는 그만두었는가?

만약 답변자가 복합질문을 받았을 경우, 그가 그 질문이 복합질문이라는 것을 모를 정도로 세상물정에 어두운 사람이라면 그는 매우 순진하게 답할 수도 있을 것이고, 그리하여 어떤 증거에 의해서도 보증되지 못할 결론을 인정하게 되는 혹은 그들 스스로가 자신에게 불리한 결론을 보증하는 증거를 제공하는 덫에 걸려들 수도 있을 것이다. 이러한 덫에 걸리지 않는 방법은 복합질문을 받았을 경우 그것이 하나 이상의 질문임을 폭로하고 그들 각각의 질문에 따로따로 답하는 것이 될 것이다.

(16) 거짓 이분법(false dichotomy)

거짓 이분법의 오류는 논증 중의 한 전제를 두 개의 선언지를 갖는 선언명제로 제시하면서 그 두 개의 선언지가 완전한 것으로, 즉 그 두 가지 이외의 선언지는 불가능한 것처럼 보이게 하려고 할 때 저질러진다. 이 경우 두 선언지 중의 하나는 보통 논증자에 의해 선호된다. 그래서 논증자가 원하지 않는 선언지를 제거하고 나면 논증자가 선호하는 선언지만이 결론으로서 남게 된다. 이러한 논증은 분명히 형식적으로는 타당하다. 그러나 선언명제인 전제가 보통 거짓이기 때문에 거의 언제나 건전하지 않다. 물론 건전하지 않은 모든 논증이 오류인 것은 아니다. 이 거짓 이분법의 오류성은 논증자가 그 논증을 대하는 사람으로 하여금 선언명제인 전제가 완벽한 선언지들이며 따라서 필연적으로 참이라고 생각하도록 현혹시키는 데 있다.

> 아버지가 나를 서태지의 음악회에 보내 주든가 아니면 나의 나머지 인생이 비참하게 되든가 둘 중의 하나입니다. 그런데 나는 아버지가 나의 나머지 인생이 비참해지는 것을 원치 않으리라 믿습니다. 따라서 아버지는 나로 하여금 그 음악회에 보내 주셔야 하실 것입니다.

> 너는 국산 물건만 사든가 아니면 너는 애국적인 한국인이라고 불려질 수 없거나 둘 중의 하나이다. 그런데 너는 저번에 일제 물건을 샀다. 그러므로 너는 애국적인 한국인이라고 불릴 자격이 없다.

위의 논증에 있어 전제 중의 하나인 선언명제는 완전한 선언지를 제시하고 있지 못하다. 그럼에도 불구하고 논증자는 그 선언명제가 완전한 선언지를 제시하고 있는 것처럼 보이게 하려고 한다.

거짓 이분법은 논증의 건전성이 두 가지 선언지가 존재하는 유일한 선언지라는 가정에 의존하고 있기 때문에 가정의 오류로 분류되기도 한다. 만약 제시된 선언지가 가능한 유일의 선언지가 아닐 때, 선언명제인 전제는 거짓이 되며, 그 논증은 건전하지 못한 논증이 된다. 거의 모든 거짓 이분법의 오류는 완성된 논증으로서 주어지기 보다는 선언적 전제만이 주어진다.

> 네가 나에게 밍크코트를 사주든지 아니면 겨울이 오면 내가 얼어 죽든지 둘 중의 하나이다.

> 내가 담배를 계속 피우든지 혹은 내가 살이 쪄서 보기 싫어지든지

둘 중의 하나이다.

(17) 은폐된 증거의 오류(suppressed evidence)

은폐된 증거의 오류는 논증자가 좋은 논증을 구성할 수 있는 전제를 훼손할 증거들을 무시할 때 저질러진다. 증거 은폐의 오류는 가정의 오류이며, 선결문제 요구의 오류와 밀접하게 관련되어 있다. 즉 이 오류도 역시 전제와 결론 사이의 무관성에서 성립하는 것이 아니라 전제의 진리성이 문제가 됨으로써 발생한다. 이 오류는 기껏해야 반 정도 참인 것을 완전히 참인 양 가장하여 실제로는 결함을 갖는 잘못된 논증을 좋은 논증으로 보이게 만드는 데서 성립한다. 이 오류는 논증이 속한 상황에 있어서 기득권을 가진 논증자들 사이에서 특별히 잘 일어난다.

> 중고차 상인이 고객에게 : 김선생님, 나는 당신이 필요로 하는 바로 그 차를 가지고 있습니다. 많은 시간을 차고에 박혀 있던 1998년형 마티즈차를 최근에 어떤 노인으로부터 구입하였습니다. 주행거리도 적게 표시되어 있습니다. 그리고 엔진도 최근에 다시 점검하였습니다. 만약 당신이 이 차를 사신다면 몇 년간 아무 고장이 없이 사용할 수 있을 것입니다.

김 선생님이 이 상인의 논증을 받아들여 중고차를 구입했는데, 몇 달 후에 고장이 났다고 가정해 보자. 그런데 사실은 그 차가 차고에 있지 않을 때는 시골의 험한 길을 주행했고, 주행거리 표시도 이미 두 바퀴나 돌아서 적게 표시돼 있고, 엔진도 점검한 결과, 피스톤이 두 개나 고장이었다면, 위의 논증에 있어서 상인은 이러한 증거들을 무시, 은폐함으로써 자기의 주장을 정당화하려는 오류를 범한 것이 된다.

(18) 애매어의 오류(equivocation)

애매어의 오류는 하나 혹은 그 이상의 단어가 그 논증의 전제와 결론에서 명시적으로든 암묵적으로든 두 가지의 상이한 의미로 사용되었을 때 저질러진다. 즉 이러한 오류는 동일한 단어가 여러 가지 의미를 가지고 있든가 혹은 문맥에 따라 뉘앙스가 다를 수 있음에도 불구하고 이를 혼동함으로써 저질러지는 오류이다.

예를 들어 ;

모든 법은 입법적 권위에 의해서 수정될 수 있다. 그런데 중력의 법칙도 법이다. 그러므로 중력의 법칙도 입법적 권위에 의해 수정될 수 있다.

모든 죄인은 감옥에 가야 한다. 모든 인간은 죄인이다. 그러므로 모든 인간은 감옥에 가야 한다.

위의 첫 번째 예는 법률적 의미에서의 법과 자연법칙의 법을 혼동함으로써 오류를 범하고 있으며, 두 번째 예는 종교적 의미에서의 죄인과 법률적 의미에서의 조인을 구별하지 못함으로써 오류를 저지르고 있다.

애매어의 오류와 관련하여 특별히 지적되어야 할 것은 상대적

용어들의 애매성이다. 예를 들어 "코끼리는 동물이다. 그러므로 흰 코끼리는 흰 동물이다"라는 논증은 바른 논증이다. 그러나 "코끼리는 동물이다. 그러므로 작은 코끼리는 작은 동물이다"라는 논증은 바른 논증이라고 할 수 없을 것이다. 왜냐하면 어떤 코끼리는 비록 코끼리들 간의 비교에서 작은 코끼리라고 하더라도 다른 동물들과의 비교에서는 큰 동물일 것이기 때문이다. 즉 위의 논증에서는 작다라는 상대적 단어가 애매하게 사용되었으므로 바른 논증이 될 수 없다. 작다, 좋다, 나쁘다, 가볍다, 무겁다, 어렵다, 쉽다와 같은 용어들은 대개의 경우 애매하게 사용된다. 따라서 정도를 나타내는 형용사를 사용함에 있어서 우리는 애매어의 오류에 빠지지 않도록 특별히 주의해야 할 것이다.

타인을 해치는 행위는 처벌되어야 한다. 감기를 옮기는 것도 타인을 해치는 행위이다. 그러므로 감기를 옮기는 행위도 처벌을 받아야 한다.

저 건물은 높다. 그리고 저 산은 낮다. 그러므로 저 산은 저 건물 보다 낮다.

(19) 애매구의 오류(amphiboly)

애매구의 오류는 어떤 문장의 구조적 결합 때문에 혹은 분명하지 못한 문법적 구조 때문에 두 가지 이상으로 해석이 가능한 전제들을 잘못 해석하여 그것으로부터 잘못된 도출할 때 저질러진다. 즉 애매구의 오류란 어떤 문장이 애매한 단어가 포함하고 있지 않다고 하더라도 그의 문법적 구조의 결합으로 인해 두 가지 이상으로 해석이 가능함에도 불구하고 어느 하나의 해석만을 취하여 그로부터 결론을 도출하려는 데서 저질러진다. 예를 들어 "그는 사랑하는 애인과 아내를 버리고 도망을 쳤다"라는 문장은 애매한 단어가 사용되지 않았음에도 그의 문법적 구조의 결함으로 인해 "그는 애인과 아내를 모두 버리고 도망을 쳤다"라고 해석될 수도 있고 "그는 아내를 버리고 애인과 도망을 쳤다"라고 해석될 수도 있다. 이 경우 어느 한쪽의 해석을 고집하여 결론을 도출한다면 오류추리가 된다. 즉 위의 애매한 문장을 전제로 하여 "그러므로 그의 집에는 지금 어린 자식들만이 있다"라는 결론을 도출한다면 이 논증은 애매구의 오류를 범한 것이 된다. "당신은 나보다 컴퓨터를 더 사랑한다", "이 사전에는 없는 항목이 없다"와 같은 문장들은 애매한 문장들의 예이다.

이 사전에는 없는 항목이 없다는 말을 듣고 사전을 사서 어떤 항목을 찾아보고 그 항목이 없다고 항의하는 고객에게 "이 사전에는 없는 항목은 없다"고 하지 않았느냐고 받아넘길 경우

어느 무도장의 광고문(격조 높고 품위 있는 춤과 사교를! 단, 일요일은 제외)을 보고 일요일에는 장사는 하지만 그 날의 춤과 사교는 품위가 없고 격조가 낮다고 주장하는 경우

(20) 결합의 오류(fallacy of composition)

결합의 오류는 어떤 것을 이루는 부분의 특성들을 그 부분이 결합되어 이루어 낸 전체의 속성으로 잘못 생각할 때 저질러진다. 즉

전체를 이루는 부분들이 모두 어떤 속성을 갖는다고 해서 그것들로 이루어진 전체자체도 역시 그러한 속성을 갖는다고 추리할 때 결합의 오류는 발생한다. 예를 들어 어떤 기계를 이루는 부품들이 모두 작다고 하여 그런 부품들로 이루어진 기계 자체도 작다고 한다든지 어떤 축구팀의 선수들이 모두 훌륭하다고 해서 그 축구팀 전체가 훌륭하다고 주장한다면 결합의 오류를 범하게 된다. 물론 부분들의 속성에서 정당하게 전체의 속성을 추리할 수 있는 경우도 있다. 가령 예를 들어 "이 기계의 모든 부품들은 검은 색이다. 그러므로 이 기계는 검은 색이다"라는 논증은 바른 논증일 것이다. 그러나 대개의 경우 부분들의 속성과 전체의 속성은 필연적으로 일치하지는 않는다.

> 내 몸을 이루는 세포 하나하나는 영혼을 갖지 않는다. 그러므로 세포로 이루어진 나는 영혼을 갖지 않는다.

> 원자는 육안으로 볼 수 없다. 모든 물체는 원자로 구성되어 있다. 그러므로 모든 물체는 육안으로 볼 수 없다.

> 하나의 머리털을 뽑아서는 대머리가 되지 않는다. 두 개의 머리털을 뽑아도 그렇고 세 개, 네 개, 다섯 개를 뽑아도 마찬가지다. 그러므로 머리털을 아무리 뽑아도 대머리가 되지 않는다.

> 그녀는 고추장을 좋아한다. 그리고 그녀는 빵도 좋아한다. 그러므로 그녀는 고추장을 바른 빵을 좋아함에 틀림없다.

결합의 오류는 다음의 점에서 역도우연의 오류와 구별된다. 즉 역도우연의 오류는 비정형적인 특별한 경우들이 가지고 있는 성질을 성급하게 일반화시킴으로써 발생하지만, 결합의 오류는 어떤 전체 혹은 집합을 이루는 부분 혹은 구성원 모두가 어떤 성질을 갖는다는 사실에 근거해서 그 집합 혹은 전체가 그러한 성질을 갖는다고 추리하는 오류이다.

(21) 분해의 오류(fallacy of division)

분해의 오류는 결합의 오류의 정반대이다. 즉 결합의 오류는 부부들에서 전체의 속성을 추리하려고 하지만, 분해의 오류는 전체의 속성에서 부분들의 속성을 추리하려고 하는 오류이다. 전체에 관해서만 참인 것을 그것을 구성하는 부분에 관해서도 역시 참이라고 주장한다거나, 어떤 집합이 갖는 속성을 그 집합에 속하는 개별적 구성원들에까지 적용하려 한다면 분해의 오류를 저지르게 된다. 물로 불을 끌 수 있다고 하여 물의 구성요소인 수소와 산소로도 불을 끌 수 있다고 한다든지, 소금은 독극물이 아니라고 하여 그 구성원소인 나트륨과 염소도 독극물이 아니라고 주장한다면 이 오류를 저지른 것이 될 것이다.

결합의 오류에서와 마찬가지로 전체 혹은 집합의 속성으로부터 부분 혹은 구성 요소들의 성질을 정당하게 추리할 수 있는 경우도 있을 것이다. 가령 예를 들어 “개는 잡식동물이다. 진도개는 개이다. 그러므로 진도개는 잡식동물이다”라는 논증은 바른 논증이라고 할 수 있을 것이다. 그러나 대개의 경우 전체 혹은 집합의 성질을 그 부분 혹은 구성원이 그대로 가지지는 않는다는 데서 이 오류는 성립한다.

> K대학은 훌륭한 대학이다. 그러므로 그 학교에 다니는 A도 분명히 훌륭하다.
>
> 12는 짝수이다. 그러므로 그를 구성하는 5와 7도 짝수이다.
>
> 개는 흔한 동물이다. 진도개도 개이다. 그러므로 진도개도 흔한 동물이다.

분해의 오류 역시 다음의 점에서 우연의 오류와 구별된다. 즉 우연의 오류는 예외가 있을 수 있는 일반적인 경우에 참인 것을 비정형적인 특별한 경우, 즉 예외에 속하는 경우에까지 적용하는 데서 저질러지지만 분해의 오류는 어떤 집합 혹은 전체 자체가 가진 성질로부터 그 구성원들도 그러한 성질을 가지고 있다고 추리하는 데서 저질러진다.

연습문제

1. 다음 논증의 오류를 지적하시오.

(1) 세일즈맨은 인간이다. 그러므로 좋은 세일즈맨은 좋은 인간이다.

(2) 물은 갈증을 해소해 준다. 그런데 물은 산소와 수소로 되어 있다. 그러므로 산소와 수소는 갈증을 해소해 줄 수 있다.

(3) 철학자들은 지능지수가 높은 사람들이다. 왜냐하면 그들이 지능지수가 높지 않았다면 그들은 철학자가 되지 못했을 것이다.

(4) 모든 인간은 가시적이다. 따라서 언젠가는 이 지구상에서 인간들은 사라질 것이다.

(5) 김씨는 경제기획원에서 일하고 있다. 그런데 우리 모두가 알고 있듯이 그곳은 가장 바쁜 부서이다. 그러므로 그는 아주 바쁜 사람임에 틀림없다.

(6) 너의 선택은 나와 즉시 결혼을 하든지 아니면, 부모님과 인연을 끊든지 둘 중의 하나이다. 나는 네가 부모님과 인연을 끊으리라고는 생각하지 않는다. 그러므로 너는 너와 즐거운 마음으로 결혼해야 할 것이다.

(7) 원자탄은 기존의 폭탄보다 더 큰 피해를 입힌다. 그러므로 2차 대전에서 원자폭탄은 기존의 폭탄이 입힌 피해보다 더 큰 피해를 입혔다.

(8) 스위스인들은 48퍼센트가 프로테스탄트이다. 그런데 하이디 길싱 씨는 스위스인이다. 그러므로 그는 48퍼센트의 프로테스탄트이다.

(9) 넌 아직도 그렇게 나를 잊지 못하는 거냐 ?

(10) 내가 그저께 "나는 오늘 휴강하지 않는다"고 했잖니. 그러니 어제는 휴강할 것으로 알아야지.

2. 다음의 논증들은 여러 비형식적 오류 중, 어떤 오류를 범하고 있는지 지적해 보시오.

(1) 소크라테스! 내 생각에 당신은 사람들을 너무나 비방하는 것 같소. 좀 조심하는 것이 산상에 좋을 것이요. 당신도 잘 알겠지만 사람들을 돕기 보다는 해치기를 좋아하는 곳이 도시국가요. 아테네도 그 예외는 아니니까 말이요.

(2) 지방자치단체의 단체장 선거를 연기해야 한다는 나의 주장은 전적으로 옳다. 왜냐하면 내 의견은 행정학의 권위자인 모 교수의 의견과 일치하기 때문이다.

(3) 술을 많이 마시면 일반적으로 취하고 따라서 헛소리도 많이 한다. 그런데 너는 오늘 취하지도 헛소리도 안한다. 그러므로 너는 오늘 술을 거의 마시지 않았음이 틀림없다.

(4) 몇몇 운동권 학생들의 문란한 남녀관계로 미루어 보아 일반적으로 운동권 학생들은 남녀관계가 문란함에 틀림없다.

(5) 임금이 많이 올랐다. 그리고 전세값이 엄청나게 올랐다. 그러므로 임금인상이 전세 값 폭등의 전적인 원인이다.

(6) 결과는 A는 원인을 갖는다. 결과 B도 원인을 갖는다. 결과 C도 원인을 갖는다. 그러므로 모든 결과는 원인을 갖는다.

(7) 내가 부정행위를 한 것은 인정합니다. 그러나 한번만 용서해 주십시오, 만약 용서해 주시지 않으시면 저는 졸업을 못하게 되고 그리되면 제 처와 저는 이혼을 해야 할 정도로 제 처가 어렵게, 그러나 기대를 가지고 저의 공부를 돕고 있습니다. 한번만 선처해 주십시오.

(8) 국민 여러분! 이제 우리 모두 국가경제를 생각할 때입니다. 이대로 쓰러져서야 되겠습니까 ? 과소비는 우리의 적입니다. 우리 모두 과소비를 추방하고 사회전체에 요원의 불길처럼 번지고 있는 30분 더 일하기에 동참합시다!

(9) 남북통일에 관한 그의 의견은 잘못이다. 왜냐하면 그는 아직 젓 비린내 나는 어린 대학생이며, 그는 학업성적도 형편없을 뿐 아니라 방위출신이기 때문이다.

(10) 성직자인 그가 공산주의자의 행동을 감싸고도는 것은 성직자로서 그가 처한 상황을 망각한데서 오는 처사로 밖에 볼 수 없을 것이다.

(11) 마리화나가 사람에게 해롭다는 결정적 증거는 발견되지 않았다. 그러므로 우리나라에서도 마리화나는 합법화되어야 한다.

(12) 부동산 투기가 최고다. 왜냐하면 물가가 계속 오르니까? 물가는 왜 오르는가? 부동산 투기를 하기 때문이다.

(13) 당신은 소련과 동구의 몰락을 보고도 아직까지 사회주의 건설에 집착하고 계신지요?

(14) 기여 입학제의 정당성을 논하는 자리에서 장황하게 사립대학의 어려운 재정사정을 지루하게 계속 얘기하는 경우.

(15) 원자는 육안으로 볼 수 없다. 모든 물체는 원자로 되어 있다. 그러므로 물체는 육안으로 볼 수 없다.

(16) 모든 죄인은 감옥에 가야 한다. 모든 인간은 원래 죄인이다. 그러므로 모든 인간은 감옥에 가야한다.

(17) 그의 부정행위는 이기주의적 윤리관의 산물이다. 왜냐하면 그의 경우가 분명히 입증하듯이 모든 부정행위는 그러한 윤리관에서 저질러지기 때문이다.

(18) 뇌사 상태에서도 소생할 수 있다는 것은 현재까지는 완전히 증명되지 않았다. 그러므로 뇌사는 인정되어야 한다.

(19) 대남비방 방송이 강도를 높인 후부터 학생운동이 극렬해졌다. 따라서 극렬한 학생운동의 원인은 대남비방 방송이다.

(20) 당신들은 핵사찰을 받는 것이 좋을 것이요. 왜냐하면 이라크의 경우에서 보듯이 핵사찰을 받지 않을 경우에 여러 보복을 감수해야만 할 것이기 때문이오.

(21) A교수의 강의는 들을 만한 것이 못된다. 왜냐하면 그는 독재시절 권력의 시녀노릇을 한 사람이기 때문이다.

(22) 선배순서로 우선권을 부여하자는 그의 주장은 정당하지 못하다. 왜냐하면 그 자신 선배로서 기득권을 가진 사람이기 때문이다.

(23) A, B, C, … 등 몇몇 사례가 집단농성에 의해 해결되었다. 따라서 그와 같은 사례들은 일반적으로 집단농성에 의해 해결될 수 있다.

(24) 델타클럽의 모든 회원은 70세 이상이다. 그러므로 델타클럽은 70년 이상되었음에 틀림없다.

(25) 이광수와 서정주의 문학은 별 가치가 없는 것이다. 왜냐하면 그들은 친일파였기 때문이다.

(26) 선은 점으로 이루어져 있다. 그런데 점은 길이를 갖지 않는다. 그러므로 선은 길이를 갖지 않는다.

(27) 중형차가 소형차보다 연료를 더 많이 소모한다. 따라서 우리나라에서 소모되는 연료량 중 중형차가 소모하는 연료량이 소형차가 소모하는 연료량보다 많다.

제4장 정 의

1. 개념의 내포와 외연
2. 정의의 목적
3. 정의의 유형
4. 정의의 방법
5. 유와 종차에 의한 정의의 규칙

제 4 장

정 의

1. 개념의 내포와 외연

논리학의 일차적인 목적은 논증의 분석과 평가이지만 여러 가지 이유로 의미와 정의에 관한 문제는 논리학에서 중요한 위치를 자지해 왔다. 그 이유는 논증은 명제로 이루어져 있으며, 명제는 개념들로 구성되고 개념은 의미를 가지고 있고, 그 의미는 정의를 통해서 전달되기 때문이다.

일상적인 언어의 기본적인 단위는 단어이다. 그러나 우리가 이장에서 다룰 것은 단어 일반이 아니라 개념(term)이다. 개념은 명제의 주어로 사용될 수 있는 단어나 일군의 단어들이다. 개념은 고유명사, 일반명사, 서술구로 구성된다. 다음은 개념들의 예이다.

고유 명사	일반명사	서술구
나폴레온	동물	대한민국의 초대 대통령
이순신	말	햄릿의 저자
대한민국	활동	도서관의 책
장길산	사람	공부를 열심히 하는 사람
들		

개념이 아닌 단어들은 예를 들자면 동사, 형용사, 부사, 연결어, 명제, 혹은 비문법적으로 배열된 일군의 단어들이다. 다음의 예들은 개념이 아닌 단어들이다.

독재적인	더군다나
빨리 달린다	위 아래로
돌은 나무가 나를 좋아해.	

한편 어떤 단어의 "사용"과 "언급"을 구별하는 것이 중요하다. 왜냐하면 이러한 구별을 이해하지 못하면 모든 단어가 명제의 주어로서 사용될 수 있다고 생각하게 됨으로써 개념에 대한 잘못된 이해를 가질 수 있기 때문이다. 예를 들어 "무엇이든지"라는 단어는 개념이 아니다. 그러나 그 단어는. "'무엇이든지'는 다섯 음절로 된 단어이다."에서와 같이 명제의 주어로 사용될 수도 있다. 그러나 이 경우 명제의 주어는 단어 그 자체가 아니라 인용된 단어이다. 이러한 단어는 사용된 것이 아니라 언급된 것이다. 이와는 달리 "나는 당신이 원하는 것이면 무엇이든지 할 수가 있어."라는 문장에서는 그 단어가 사용되고 있다. 이에 관해서는 다음 절에서 보다

자세히 다루게 될 것이다.

단어는 보통 기호로 여겨진다. 그리고 단어들로 기호화되는 것을 보통 의미라고 부른다. 개념들은 단어들로 구성되기 때문에 역시 기호이다. 그러나 그들에 의해 기호화되는 의미는 두 가지이다. 즉 개념은 내포적인 의미와 외연적 의미를 기호화한다. 내포적 의미는 그 개념이 포함하는 속성이나 성질들이다. 외연적 의미는 그 개념이 지시하는 부류의 구성원들로 구성된다. 어떤 개념의 내포적 의미는 그 개념의 내포로, 그리고 외연적 의미는 그 개념의 외연으로 불려지기도 한다. 개념의 내포란 결국 그 개념을 구성하는 징표의 총화다. 예를 들어 정방형이라는 개념의 내포는 「사변, 등변, 등각」 등등이 된다. 그리고 개념의 외연이란 그 개념이 적용될 수 있는 대상의 전 범위가 된다. 개념의 외연은 단 한 개의 대상만을 포함하는 개념에서부터 이른바 외연량이 무제한한 개념에 이르기까지 여러 가지 종류가 있다. 「대한민국」이란 개념의 외연은 단 하나 뿐이지만, 「존재」란 개념은 그 외연량이 무한하다.

그런데 우리가 여기서 발견할 수 있는 하나의 사실은, 「존재」란 개념은 그 외연량이 무한한 데 반해서 그 내포는 「있음」 하나만을 가진다는 사실이다. 그 반면에 「대한민국」이란 개념의 경우, 외연은 오직 하나뿐이지만 내포는 다수라는 사실이다. 이리하여 우리가 개념의 외연량과 내포량의 관계를 관찰해보면, 거기에는 모종의 역비례 관계가 성립함을 알게 된다. 예컨대 다음과 같은 일련의 개념들을 생각해 보다. 즉 존재-생물-동물-척추동물-포유동물이라는 일련의 개념들에 있어서, 외연의 범위가 큰 순서대로 나열한 것과 내포량이 큰 순서대로 나열한 것을 비교해 보면 그 관계는 정반대의 관계임을 알 수 있다. 이리하여 우리는 다음과 같은 결론을 얻을 수 있다. 즉 내포가 증가함에 따라 외연은 감소하고, 외연이 증가함에 따라 내포는 감소한다. 그러나 개념의 내포와 외연의 관계는 결코 수학적인 의미에서의 엄밀한 역비례 관계가 아님을 기억해야 한다.

개념의 내포를 증가시켜 그 의미를 정밀하게 만들어 그 외연을 감소시키는 것을 한정(限定 : determination)이라고 하고, 그 반대로 외연을 증가시켜 개념의 적용범위를 넓히지만, 그 내포를 감소시키는 것을 개괄(概括 : generalization)이라고 한다. 한정은 특수화요, 개괄은 일반화이다.

논리학에서는 보통 개념의 내포와 외연은 변하지 않는 것으로 생각한다. 정방형 삼각형과 같이 단순한 것의 실례는 개념의 내포가 불변적이라는 인상을 준다. 그러나 복잡하고 풍부한 현상에 이르면 개념의 내포가 변한다는 사실을 알게 된다. 현대 생물학자들이 이해하고 있는 「생명」이란 개념의 내포는 백년 이전, 아닌 수십 년 이전의 과학자들이 그 개념에 의해서 이해했던 내포와는 다르다. 또한 어떤 개념의 외연도 결코 불변적인 것은 아니다. 예컨대 「질량」이란 개념은 새로운 물리학적 발견에 따라 변하여 왔다. 화학원소의 경우에 있어서도 새로운 화학원소가 계속 발견되고 있음을 우리는 알고 있다. 이처럼 개념의 내포와 외연은 변할 수 있기 때문에, 개념을 바르게 사용하기 위해서는 그들은 항상 새롭게 보충되어야 한다.

1) 애매성

(1) 애매성과 다의성

누군가가 우리에게 '손'의 의미를 물었다고 가정해 보자. 우리는 그에게 무엇이라고 말할 것인가? 우리는 '손'이란 '인간의 신체의 일부이다'라고 말할 수도 있을 것이다. 그러나 '손'이라는 개념은 "그녀와 손을 끊어라"라는 진술에서와 같이 다른 사람과의 교제관계를 의미할 수도 있고, 또한 "큰 손들이 증시를 떠났다"라는 진술에서와 같이 돈 씀씀이를 의미할 수도 있다. 이처럼 어떤 개념은 하나 이상의 상이한 의미를 지닐 수가 있다. 이러한 개념을 다의적(equivocal)개념이라고 한다. 이러한 다의적인 개념은 우리의 언어사용에 있어서 많은 혼란을 초래할 위험이 있으므로, 이에 대한 세심한 주의가 요구된다.

물론 다의적인 개념이 사용되었다고 하더라도 대부분의 경우에 있어서 우리는 그것이 의미하는 바가 무엇인지를 쉽게 알 수 있다. 가령 예를 들어 '눈'이라는 개념은 다의적인 개념이긴 하지만, "눈을 감아라"라는 진술에 있어서 그것이 의미하고자 하는 것을 우리는 분명히 알 수 있다. 그러나 다의적인 개념이 사용된 모든 경우에 있어서, 그 의미가 분명히 드러나는 것은 아니다. 예를 들어 "그는 밤을 좋아한다."라는 진술에서는 '밤'이라는 다의적인 개념이 사용되었으며, 그것이 무엇을 의미하는지가 분명하지 않다. 이 경우 우리는 그러한 개념을 애매한(ambiguous)개념이라고 한다. 이처럼 하나의 진술에서 두 가지 이상의 상이한 의미를 지닌 다의적인 개념이 사용되었을 뿐만 아니라, 그것이 두 가지 이상의 의미 중에서 어떤 의미를 나타내는지 불분명할 경우, 우리는 그 개념을 애매한 개념이라고 한다.

예를 들어, "나는 배를 타고 왔다."라는 진술에 있어서 '배'라는 개념은 다의적인 개념이긴 하지만 애매한 개념은 아니다. 그러나 "나는 배를 좋아해."라는 진술에 있어서 배라는 개념은 다의적일 뿐만 아니라 애매한 개념이다.

다의성과 애매성의 구별을 주목해 볼 때, 다의성 그 자체는 별 문제가 안 된다는 것은 분명할 것이다. 만약 어떤 개념이 다의적이지만 그것의 모든 사용이 애매하지 않다면, 이 개념을 사용하여 의사를 전달하는 데는 아무런 문제도 없을 것이기 때문이다. 이렇게 볼 때, 의사전달에 있어서 문제를 일으키고, 따라서 제거되어야 할 것은 다의성이라기보다는 애매성이다. 다의성이 애매성으로 이어질 경우, 그 애매성에 의해서 우리의 담화는 혼란될 것이요, 따라서 우리는 애매성을 제거해야 할 것이다.

애매성 때문에 우리가 당하는 혼란은 과소평가되어서는 안 된다. 왜냐하면 이러한 애매성은 의사소통에서의 난점 이외에도, 우리를 단순한 언어상의 논쟁(verbal dispute)으로 이끌기도 하며, 더욱이 우리가 앞서 살펴보았듯이 잘못된 논증에로 이끌 수도 있기 때문이다. 우리는 이러한 애매성을 제거하는 방법을 다음 절에서 '정의'라는 항목으로 다루게 될 것이다.

애매성에 관한 논의를 마침에 있어서 한 가지 덧붙일 것은, 비록 다의적인 개념이 사용되지는 않았다고 하더라도 문법적인 배열의 잘못이나 문장기호의 잘못된 사용에 의해 진술자체가 애매해지는 경우도 있다는 사실이다. 가령 예를 들어 "김씨는 사랑하는 정모양과 아내를 버리고 도망쳤다"라는 진술에는, 비록 애매한 개념이 사용되지는 않았지만, 그 의미는 두 가지로 해석될 수 있을 뿐만 아니라, 그 진술이 그중 어떤 것을 주장하고 있는지가 분명하지 않다. 즉 위의 진술은 김씨가 정모양과 아내 모두를 버리고 혼자 도망친 것으로 해석될 수도 있으며, 혹은 아내를 버리고 정모양과 도망한 것으로 해석될 수도 있음에도 불구하고, 과연 그 진술이 주장하고자 하는 바가 무엇인지는 분명하지 않다. 이러한 경우 우리는 그 진술을 애매한 진술이라고 할 수 있을 것이다. "아빠는 나보다 엄마를 좋아해"와 같은 진술도 애매한 진술의 좋은 예일 것이다. 이러한 애매성은 진술의 올바른 문법적 구성에 의해 제거될 수 있을 것이다.

(2) 사용과 언급의 다의성

우선 다음의 두 문장을 고려해 보자.

키케로는 로마의 저술가이다.
키케로는 그 안에 세 개의 음절은 지닌다.

이들 두 문장에서 '키케로'가 동일한 것을 의미하지 않는다는 것은 명백하다. 첫 번째 경우에 있어서는 '키케로'는 또한 툴리(Tully)라고도 불렸던 유명한 로마 저술가를 지시하는 기호이다.

두 번째 경우에 있어서의 '키케로'는 유명한 로마 저술가의 이름을 지시하는 기호이다. 따라서 '키케로'는 다의적인 기호이다.

이 경우에 있어서 우리가 알 수 있는 것은, 어떤 기호는 때로는 일상적인 방식대로 사용될 수도 있지만, 때로는 그 기호자체를 지시하기 위해서 사용될 수도 있다는 것이다. 우리는 어떤 기호가 자신의 일상적 의미를 가지고 사용될 때, 그 기호는 사용된다(used)라고 하고, 그 기호가 자기 자신을 지시하기 위해서 사용될 때, 그 기호는 언급된다(mentioned)라고 한다. 그리고 이러한 유형의 다의성은 모든 기호에서 나타나는 것처럼 보인다.

이러한 다의성은 하나의 약속에 의해서 제거될 수 있을 것이다. 즉 우리는 일상적으로 어떤 기호를 언급하게 될 때, 그 기호 앞뒤에 작은따옴표를 함으로써, 그 기호가 언급되고 있는 기호임을 표시하는 것으로 약속하는 것이다. 그리고 이러한 약속은 일반적으로 통용되고 있는 약속이다. 이 약속에 의하자면 위의 두 번째 문장은 다음과 같이 표기될 것이다.

'키케로'는 그 안에 세 개의 음절을 지닌다.

여기서 주의할 것은, 이 문장에서는 이제 더 이상 어떤 기호도 언급되고 있지 않다는 것이다. 왜냐하면 키케로라는 (따옴표가 붙지 않은)기호는 물론 언급되고 있지만, '키케로'라는 (작은따옴표가 붙은)기호는 이미 약속에 따라, 키케로라는 기호의 언급을 일상적으로 의미하며 사용되고 있기 때문이다.

이렇게 하여 사용과 언급의 다의성을 제거될 수 있다. 그러면 이러한 언급과 사용의 다의성에 주의해야 하는 이유는 무엇인가? 사용과 언급 사이의 다의성을 체계적으로 제거하려는 목적은 기호에 관한 담화와 기호와는 다른 어떤 것에 관한 담화 사이의 경계선을 분명히 긋는데 도움을 주는 데 있다. 그리고 이런 경계가 일단 분명해지면 우리는 유의미한 언어학적 주제와 의심스러운 형이상학적 주제를 구별할 수 있을 것이다.

2) 모호성

우리는 이제 기호의 의미에 관련된 또 다른 논의에 눈을 돌려보자. 기호의 애매성과 다의성이 주로 내포적 의미와 관련되어 있다면, 이제 우리가 다룰 문제는 주로 기호의 외연적 의미와 관련된다. 앞서 우리는 어떤 기호의 외연적 의미를 그 기호에 의해 지시되는 대상의 전 범위라고 했다. 그러나 많은 경우에 있어서 어떤 기호들은 그들의 외연이나 지시체가 불분명하다. 뿐만 아니라 우리가 아무리 시험을 거친다고 하더라도 어떤 것이 그 기호의 외연에 포함되는지 아닌지를 결정할 수 없는 경우가 있다. 그리고 이러한 것은 많은 기호가 갖는 특징이기도 하다. 우리는 이러한 개념을 모호한 개념이라고 한다.

우선 많은 대상을 외연으로 갖는 일반 개념에 관해 고찰해 보자. 예를 들어 '푸름'을 고려해 보자. 그것은 맑은 대낮의 하늘 색깔과 비슷한 색깔을 가지고 있는 모든 대상을 지시한다. 물론 그것은 자주색깔의 대상을 나타내지는 않는다. 그러나 하늘의 색깔과 다소 닮아있기는 하지만, 또한 다소 분명히 자주 빛 대상의 색깔을 닮은 그런 대상이 많이 있지 않은가? 이들은 푸른 색깔의 대상인가 아니면 자주색깔의 대상인가? 그들은 '푸름'의 외연의 일부인가 혹은 '자주'의 외연의 일부인가? 이러한 문제에 대답할 수 있는 객관적인 수단을 우리는 가질 수 있는가? 이러한 문제에 분명하게 대답할 수 없다면, '푸름'이나 '자주'와 같은 개념은 모호하다고 결론내릴 수 있다.

이제 하나의 대상을 외연으로 갖는 단칭기호에 관해 고려해 보자. 많은 사람들은 단칭기호는 모호하지 않을 것으로 생각한다. 그러나 문제는 그렇게 간단하지가 않다. 가령 '내가 5년 전에 샀던 컴퓨터'를 예로 들어보자. 가령 나는 새로운 컴퓨터를 사지는 않았지만 그러나 여러 번에 걸쳐서 내가 5년 전에 샀던 컴퓨터의 부품을 반 이상 갈아 넣었다고 하자. 그렇다면 과연 지금 내가 사용하고 있는 이 컴퓨터는 내가 5년 전에 샀던 컴퓨터와는 동일하지 않을 것이다. 사정이 이러하다면 과연 지금의 이 컴퓨터는 '내가 5년 전에 샀던 컴퓨터'의 외연에 포함될 수 있을 것인가? 이 물음에 대한 대답은 불분명하다. 이렇게 보면, 외연이 하나 밖에 없는 단칭기호도 모호할 수 있다.

경우 따라서는 모호성은 바람직할 수도 있다. 가령 예를 들어 "숙제를 하지 않으면 엄하게 벌을 줄 것이다."라고 말한 아버지는 여러 측면에서 여유를 가질 수 있을 것이요, 벌에 관한 선택의 여지도 가짐으로써, 아버지로서의 권위와 너그러움을 유지할 수 있을 것이다. 그러나 모호성은 법의 경우에서와 같이 인권을 억압하는 수단으로 이용될 수도 있음을 생각할 때, 항상 허용되어야 하는 것은 아니다. '코에 걸면 코고리 귀에 걸면 귀고리'란 속담이 있듯이 어떤 행위를 모호한 죄목의 외연에 포함시키는 경우가 있다면 이는 모호성의 문제가 심각함을 말해주는 것이다.

그러면 이러한 모호성은 어떻게 제거될 수 있을까? 이 문제에 대해 일반적으로 대답할 수는 없는 듯이 보인다. 어떤 개념의 외연을 규정하는 조건을 보다 분명히 제시함으로써 어느 정도의 모호함은 감소할 수 있을지 모르나 결국 정확한 경계선은 약정에 의해 그어질 수 있으며, 그 약정은 그러나 그 기호의 내포적 의미와 전혀 무관하지는 않기 때문이다.

연습문제

1. 다음 개념들의 외연을 열거해 보시오.
   (1) 신문사 (2) 탤런트 (3) 친일매국노
   (4) 과학자 (5) 강 (6) 오페라 제목
   (7) 10이하의 홀수 (8) 대한민국 대통령
   (9) 대한민국의 국립대학교

2. 다음의 개념들을 내포량이 적은 것에서 많은 것의 순서로 배열하시오.
   (1) 의사, 인간, 정형외과 의사, 직업인.
   (2) 운동, 구기, 축구, 골키퍼.
   (3) 학문, 탈레스의 철학, 인문과학, 철학, 고대 철학,
   (4) 도형, 삼각형, 평면도형, 등변삼각형.

3. 다음 중 다의적인 개념을 가려내어, 그 개념의 상이한 의미를 지적하시오.
   (1) 낮 (2) 말 (3) 장 (4) 다리 (5) 영

4. 다음 문장에서 고딕체로 쓰여진 기호는 사용되었는지 혹은 언급되었는지를 확인하시오.
   (1) **아홉**은 두 글자로 이루어져 있다.
   (2) **아홉**은 일곱보다 크다.

(3) 아홉은 수이다.

(4) 아홉은 이 페이지에 아홉 번이나 나왔다.

(5) 아홉까지 세기는 쉽다.

2. 정의의 목적

“정의”란 어떤 개념이나 기호의 의미를 언어로써 명백히 규정하는 것이다. 우리가 사용하는 개념의 윔를 가능한 한 명백하고 분명하게 만드는 것은 자신의 사고를 올바르게 전개하기 위해서, 혹은 분명한 의사소통을 위해서 매우 중요한 일이다. 그러나 우리는 모든 개념이나 기호가 다 정의될 수 있다고 생각해서는 안 된다. 왜냐하면 정의 없이도 그 의미가 이해될 수 있는 기호가 없다면, 우리는 주어진 어떤 기호의 정의를 위한 출발점을 가질 수가 없기 때문이다.

1) 어휘의 증가

보통 우리들은 우리들이 만나게 되는 사람들이나 혹은 우리가 읽는 책의 언어적 관례를 관찰하고 모방함으로써 기호나 개념의 일상적인 의미를 배우게 된다. 그러나 언어생활을 영위함에 있어서 관찰과 모방이라는 통상적인 방법이 충분하지 못할 경우가 있다. 이럴 경우에 언어사용에 대한 형식적인 교육이 요구되며, 이 교육을 통해 말의 의미를 분명히 알게 된다. 이 경우 말의 의미를 설명하는 것은 그 말을 정의하는 것이다.

일상의 담화나 독서에 있어서 사람들은 종종 그 문맥상의 의미가 불분명한 말을 만나게 된다. 이 경우 우리는 그 말의 의미를 이해하기 위해 정의를 필요로 한다. 따라서 정의의 목적 중의 하나는 낯선 기호나 개념의 의미를 알아내려는 것이다.

2) 애매함의 제거

앞서 살펴보았듯이 어떤 기호나 개념은 두 개 이상의 상이한 내포적 의미를 지닌다. 개념이 다의적으로 사용된다는 것은 보통 문제가 되지 않는다. 그러나 어떤 경우에는 다의적인 개념이 하나의 진술에서 어느 의미로 사용되었는지가 불분명할 때가 있다. 이처럼 어떤 개념의 일상적인 의미를 이미 알고 있다고 하더라도 그 개념이 어떤 진술에서 애매하게 사용되었을 경우, 그 애매함을 제거하기 위해서 정의가 요구된다. 즉 애매함을 제거하기 위해서는 그 진술에 사용된 애매한 개념의 서로 다른 의미를 설명하고, 그 중에서 어느 의미가 그 문맥에서 사용되었는지를 알려주는 정의가 요구된다.

(3) 모호함의 감소

'미니스커트'의 경우에서처럼 비록 우리가 그 내포적 의미는 알고 있다고 하더라도, 그 말의 적용범위 즉 외연을 명백히 규정할 수 없는 개념이 있다. 이런 개념을 모호한 개념이라고 한다. 이 경우 우리는 그 개념의 모호함을 제거하여 외연을 정확하게 하기 위하여 정의를 사용한다. 즉 이 경우에 있어서의 정의의 목적은 어휘의 증가나 애마함의 감소가 아니라 단지 모호한 개념에 대해 그 외연을 명백히 규정하는 것이다.

(4) 이론적 설명

어떤 개념이나 기호를 정의함에 있어서 우리가 가질 수 있는 또 하나의 목적은 그 개념이나 기호에 의해 지시되는 대상을 이론적으로 적절하게 그리고 과학적으로 유용하게 기술하는 것이다. 이 경우에 있어서의 정의는 어떤 기호나 개념의 일상적인 의미를 설명하는 것이 아니라, 그 개념이나 기호가 갖는 전문적인 의미를 체계적 이론적으로 정연하게, 혹은 과학적으로 정합적이게 설명하는 것이다.

(5) 설 득

사람들은 때때로 개념이나 기호를 정의할 때, 독자나 청자의 태도에 영향을 미치거나 감정을 자극하려는 의도에서 정의하는 수가 있다. 이리하여 정직이란 상황여부에 관계없이 항상 진실을 말하는 것이라고 정의함으로써 자신의 무융통성을 변호하려고 할 수도 있다. 이 경우에 있어서의 정의는 어떤 기호나 개념의 서술적 의미를 설명하는 것이 아니라 정의적 의미를 강조하여 설명함으로써, 독자나 청자의 감정이나 태도에 영향을 미칠 것을 목적으로 한다.

3. 정의의 유형

정의의 상이한 유형을 구별하기 전에 먼저 정의에서 사용되는 두 전문용어를 알아둘 필요가 있다. 정의되어지는 기호는 피정의체(definiendum)라고 불려지며, 피정의체의 의미를 설명하기 위하여 사용되는 기호나 일군의 기호는 정의체(definiens)라고 불리운다. 정의체는 피정의체의 의미가 아니라, 정의상 피정의체와 동일한 의미를 지니고 있는 다른 기호 혹은 일군의 기호들이다.

1) 약정적 정의(stipulative definition)

약정적 정의는 어떤 기호를 도입하여 그것에 새로운 의미를 부여하는 것이다. 이 때 정의하는 사람은 완전히 새로운 기호를 피정의체로 도입하여 그것에 완전히 새로운 의미를 부여할 수도 있고, 혹은 이미 어떤 의미를 가지고 사용되던 기호를 피정의체로 도입하여 그것에 이제까지 사용되던 의미와는 다른 의미를 부여할 수도 있다. 이 약정적 정의에 있어서 정의하는 사람이 어떤 기호를 도입하고 그것에 어떤 의미를 부여할 것인가는 정의하는 사람의 약정에 달린 문제이다.

이 정의에서 우리가 가질 수 있는 이점은 우선 복잡한 표현을 간단히 표현함으로써 우리의 사고와 의사소통에 있어서의 혼란을 방지할 수 있을 뿐만 아니라 정신 에너지의 사용량과 주의량을 줄일 수 있다는 것이다. 예를 들어 "10^5"을 "10×10×10×10×10"으로 정의함으로써 우리는 길게 설명하거나 표현해야할 사항을 간단히 줄일 수 있으며, 따라서 경제적인 언어생활을 할 수가 있을 것이다. 두 번째로 지적될 수 있는 이점은 새로운 기호를 도입하여 그것에 새로운 의미를 부여함으로써 새로운 발명이나 발견의 산물에 쉽게 이름을 붙일 수 있다는 것이다. 이 경우 약정적 정의는 거의 필요 불가결하게 요구된다고 볼 수 있다. 세 번째 이점은 이 정의에 의해서 우리는 앞서 살핀 정의적 의미를 감소시킬 수 있다는 점이다. 예를 들어 "g- factor"를 "정신의 성숙도에서 차지하는 지능지수적인 요인"으로 정의함으로써, 지능지수라는 말이 갖는 정의적 의미를 감소시킬 수도 있다. 이러한 이점들 때문에 현대의 과학 분야에서는 종종 이 약정적 정의가 사용된다.

2) 사전적 정의(lexical definition)

낱말의 애매성을 제거하거나 언어사용자의 어휘를 증가시키기 위하여 사전적 정의가 요된다. 사전적 정의는 피정의체가 이미 가지고 있는 일상적인 의미를 보고하는 것이다. 우리가 접하는 일상적인 사전에서의 정의는 이러한 사전적 정의의 예를 잘 보여 준다. 따라서 사전적 정의는 언어사용자들이 관용법을 무시하게 되면 잘못된 정의가 된다. 예를 들어 "산"을 "지평선 위로 높게 솟은 커다란 땅덩어리나 바위 덩어리"로 정의하게 되면, 이 정의는 옳은 정의이지만, "세 직선으로 둘러싸인 평면도형"으로 정의하면 잘못된 정의가 된다. 이처럼 약정적 정의와 사전적 정의 사이에는 중요한 차이점이 있다. 즉 약정적 정의에 있어서 피정의체는 그 기호를 도입하는 자가 의미를 주기 이전에는 아무런 의미를 갖지 않기 때문에, 정의자가 그 기호에 어떤 의미를 부여하든지 그 정의는 옳거나 그를 수 없다. 그러나 사전적 정의의 피정의체는 정의에 앞서서 그리고 독립해서 오랫동안 관례에 따라 확립된 의미를 갖고 있기 때문에 정의체가 이 의미를 잘 보고하면 옳은 정의가 되지만, 이 정의에 사용된 정의체가 이 의미와 상이할 겨우, 그 정의는 잘못된 정의가 된다.

3) 외연을 정확하게 하는 정의(precising definition)

「외연을 정확하게 하는 정의」의 목적은 어떤 기호의 모호함을 감소시키는 데 있다. 어떤 기호의 외연적 의미가 불분명한 경우 우리는 그 기호를 정의함으로써 그 기호가 적용될 수 있는 범위를 분명히 규정할 수 있다. 그러나 기호가 갖는 일상적인 의미를 보고하는 것은 이 문제의 해결에 큰 도움을 주지는 못할 것이다. 따라서 어떤 모호한 기호의 외연의 적용범위를 확정하는 문제와 관련된 정의는 사전적 정의 이상이어야 한다.

이러한 종류의 정의는 약정적 정의와는 상이하다. 왜냐하면, 「외연을 정확하게 하는 정의」에서의 피정의체는 약정적 정의에서의 피정의체와는 달리 완전히 새로운 기호가 아니라, 모호하기는 하지만 이미 그 의미가 확립되어 있는 기호이기 때문이다. 따라서 이 정의를 하는 사람은 이러한 확립된 의미를 완전히 무시해서는 안 되고, 그 용법에 대해 충실해야 한다.

그러나 피정의체의 모호함을 감소시키기 위해서는 그들은, 비록 확립된 용법 내에서 이긴 하지만, 또한 약정적이어야만 한다. 예를 들어 "미니스커트"는 "무릎위로 50센티 이상 올라간 짧은 치마"로 혹은 "무릎 위로 2센티 이상 올라간 짧은 치마"로 정의될 수는 없을 것이지만, 그렇다면 과연 어디까지를 미니스커트의 외연에 포함시킬 것인지는 결국 약정의 문제일 것이다. 특히 이러한 문제는 법적인 용어를 정의함에 있어서는 대단히 중요하다. 즉 모든 법적인 용어들을 외연적으로 정확하게 정의하여, 그 법의 자의적인 해석을 통한 인권의 유린을 막는 것이 필요할 것이다.

확립된 용법의 한도 내에서라고 하더라도 이러한 약정이 얼마나 어려운지는 「이현령 비현령」이란 속담에서 알 수 있듯이 쉬운 일이 아니다. 이 약정은 그 기호가 사용된 문맥 속에서 그리고 그 기호가 사용되는 정치, 경제, 문화적 상황 속에서 적절히 이루어져야 할 것이다.

4) 이론적 정의(theoretical definition)

이론적 정의는 피정의체에 의해 지시된 대상에 대해 이론적으로 적절하고 충분하게 기술하거나 혹은 과학적으로 유용하게 정식화하는 것이다. 즉 이 정의는 피정의체의 일상적인 의미를 보고하는 것이 아니라, 피정의체에 의해 지시되는 대상의 특징을 체계적으로 혹은 이론적으로 적절하고 충분하게 기술하는 것이다. 예를 들어 열역학에서는 "열"을 "불규칙적인 분자운동 때문에 생긴 어떤 물체의 에너지"로 정의한다. 이 정의는 단지 어떤 기호에다가 의미를 부여하는 것만이 아니라, 열이라고 하는 물리적 현상을 이해하는 방식을 제공하고 있다. 즉 이 정의는 열에 관한 일상적 의미를 제공하는 것이 아니라, 어떤 전체적이고 체계적인 과학이론을 바탕으로 해서, 그 이론 안에서 열이라는 것이 갖는 전문적인 의미를 제공하고 있다. 따라서 하나의 이론적 정의를 제안하는 것은, 하나의 이론을 수락하기를 제안하는 것과 같은 것이다. 그리하여 시대에 따라 물리학자들이 "열"에 대해 각기 다른 정의를 내린 것은 그들이 시대에 따라 "열"에 대해 다른 이론을 받아들였기 때문이다.

이러한 정의는 여러 학문에서의 전문사전에서 잘 보여진다. 결국 어떤 기호를 이론적으로 설명하는 것은 그 기호를 이론적으로 정의하는 것과 같다.

5) 설득적 정의(persuasive definition)

설득적 정의는 피정의체에 의해 지시되는 것에 대해 그 정의를 듣는 사람으로 하여금 어떤 태도를 유발시킬 것을 목적으로 행해지는 정의이다. 그리고 이 목적은 피정의체가 가지고 있는 여러 서술적 의미 중에서 특정한 의미만을 강조하여 서술함으로써 그 정의를 접한 사람이 그 피정의체에 대해 어떤 특정의 정의적 태도를 갖게 될 때 달성된다. 설득적 정의는 앞서 논의된 다른 유형의 정의와 동격의 유형인 것 같지는 않다. 동일한 말이 표현적 기능과 지식전달적 기능을 모두 가질 수 있기 때문에, 설득적 정의 이외의 다른 유형의 정의들 중의 어느 하나의 정의 - 만약 이 경우에 사용된 언어가 정의적 언어이어서, 지식을 전달하려는 것일 뿐만 아니라 태도에 영향을 미치려는 의도를 가지고 있다면 - 역시 설득적 정의이다고 생각할 수도 있을 것이다. 이러한 설득적 정의는 그 정의를 접하는 사람의 태도에 영향을 미치는 것을 목적으로 하기 때문에 정치적 연설이나 변론에서 아주 효과적으로 사용될 수 있다.

우리는 이상에서 정의의 다섯 가지 목적에 대해 알아보았으며, 또한 다섯 가지 유형의 정의에 대해서도 알아보았다. 정의의 목적과 정의의 유형간의 관계는 분명했다. 약정적 정의와 사전적 정의는, 그 정의를 만드는 사람에게 어휘를 증가시키는 역할을 한다. 사전적 정의는 또한 낱말의 애매성을 제거하는 데도 유용하다. 외연을 정확하게 하는 정의는 피정의체의 모호함을 감소시키는데 유용하다. 이론적 정의는 어떤 것을 이론적으로 설명하는데 도움을 준다. 즉 피정의체가 적용되는 대상을 이론적으로 적절하고 과학적으로 유용하게 기술하는데 유용하다. 그리고 이들 정의 모두는 또한 태도에 영향을 미치는 수사학적 목적에 유용할 수 있으며, 그들이 이런 목적에 사용될 때, 이것들 역시 설득적 정의로 간주될 수 있을 것이다.

4. 정의의 방법

1) 외연적 정의

우리는 정의의 방법을 두 가지로 나눌 수 있다. 첫 번째 것은 외연에 관계하고, 두 번째 것은 내포에 관계한다. 어떤 기호의 의미에 관하여 어떤 사람에게 가르쳐주려고 할 때, 그 기호에 의해 지시되는 대상 중의 어떤 것을 실제로 제시해 보이는 것보다 더 분명하고 쉬운 방법은 없을 것이다. 이러한 수법은 종종 사용되고 있으며 또 매우 효과적이기도 하다. 그러나 이 방법은 또한 한계와 단점을 가지고 있다.

예를 제시해 보이는 정의의 방법은 우선 그 기호에 의해 지시되는 대상이 존재하지 않을 경우 사용될 수 없다. 예컨대 일각수나 인어 같은 경우가 그러하다. 그리고 두 번째 난점은, 서로 다른 내포적 의미를 가지면서도 동일한 외연을 갖는 동연개념의 경우에 발생한다. 예를 들어 "등변 삼각형"을 두변이 같은 몇 개의 삼각형을 그려 예시해 보임으로써 정의했을 경우, 그 정의를 듣는 사람은 두각이 같은 삼각형을 등변 삼각형의 의미로 오해할 수도 있을 것이다.

위의 두 가지 이론적 난점 이외에 외연에 의한 정의의 방법은 실제적인 한계를 갖는다. 왜냐하면 외연을 완전히 매거해 보일 수 있는 기호는 거의 없기 때문이다. 따라서 우리는 예시에 의한 정의에 있어 실제로 통상 부분적으로 매거하게 되는데 여기에 바로 중대한 한계점이 있다. 어떤 임의의 대상은 매우 많은 속성을 가지고 있으며, 따라서 그 대상은 매우 많은 다른 기호의 외연 속에 포함될 수 있다는 사실은 불완전한 매거에 의한 예시가 어떤 기호의 의미를 정확하게 규정할 수 없다는 사실을 분명하게 한다. 예를 들어 어떤 구체적인 개인 乙은 「인간」 혹은 「동물」 혹은 「아내」 혹은 「어머니」 등등의 예로서 언급될 수도 있다. 그리하여 "배우"를 "신성일, 엄앵란, 김지미, 안성기, 최진실, 강수연 등등"과 같은 사람들을 예시하여 정의했을 경우, 그 정의를 접한 사람은

"배우"란 기호의 의미를 "잘 생긴 20세 이상의 남자 혹은 여자"로 잘못 이해할 수도 있을 것이다. 왜냐하면 위에서 예로서 제시한 사람들은 "20세 이상의 잘 생긴 남자 혹은 여자"의 예이기도 하기 때문이다. 이렇게 볼 때, 부분적인 매거는 심지어 상이한 외연을 가진 기호들조차도 구별시켜주지 못한다. 물론 부정적 예시를 덧붙이므로써, 그 한계는 어느 정도 감해질 수도 있을 것이다. 그러나 부정적 예시 그자체가 불완전할 수밖에 없기 때문에 예시에 의한 정의의 근본적인 한계는 여전히 남게 된다.

또 하나의 다른 예시에 의한 정의 중에 **즉물적 정의**(ostensive definition)란 것이 있다. 이는 피정의체에 의해(외연적으로) 의미되는 대상을 이름을 들어 매거하는 대신에, 손가락으로 지적하거나 고개를 끄덕여 보이는 등의 몸짓으로써 그 기호의 의미를 정의하는 방법이다. 예컨대 "책상"을 어떤 구체적인 대상을 손짓이나 몸짓으로 지적함으로써 정의하는 것이다. 즉 이 경우에 있어서 정의체는 언어가 아니라 몸짓이나 손짓이 된다.

즉물적 정의는, 그것이 외연적 정의의 한 종류인 한, 외연적 정의가 가지고 있는 일반적 한계점을 갖고 있다. 그러한 일반적 한계점 이외에 즉물적 정의만이 갖고 있는 특수한 한계점도 갖고 있다. 정의가 행해지는 시간과 장소에 외연이 존재하지 않는 기호에 대해서는 이 정의를 사용할 수 없다는 것이 첫 번째 난점이고, 다른 하나는 대상을 지적함에 있어서 지적하는 그 몸짓에 대한 해석의 다양성이 있을 수 있다는 것이다. 예컨대 "책상"을 정의하면서 하나의 나무책상을 손가락으로 지적하였다고 하더라도, 나의 손가락이 지적하는 것은 책상 전체일 수도 있고, 아니면 책상다리일 수도 있고 책상의 형태, 크기, 혹은 색깔일 수도 있다. 이러한 애매성은 오로지 정의체에다가 약간의 서술적 어구를 첨가하여 설명함으로써 해결될 수 있다. 이렇게 몸짓에다가 언어적 설명이 첨가되는 즉물적 정의를 유사즉물적 정의(quasi-ostensive definition)라고 부를 수 있겠다.

그러나 즉물적 정의에다가 모종의 언어적 설명을 첨가시키는 것은 즉물적 정의의 고유한 특성을 파괴하게 된다. 모든 다른 정의가 정의체에 사용되어지는 몇몇 기호는 적어도 이미 이해된 것이라는 가정 위에서 가능한데 반해, 즉물적 정의는 그러한 가정을 함이 없이도 가능하다는 점에서 「일차적인」 정의라고 주장되곤 했다. 그리고 혹자는 우리가 최초로 언어를 습득하게 되는 것은 이 즉물적 정의에 의거한다고 주장한다. 그러나 이 주장은 오해되기 쉬운 것으로 여겨진다. 왜냐하면 몸짓의 의미 그 자체가 먼저 학습되어야 하기 때문이다.

2) 내포적 정의

내포적 정의에 관해 언급하기 전에 동의어에 의한 정의(synonymous definition)에 관해서 언급하는 것이 필요하겠다. 이 정의는 특히 소사전에서 많이 사용하는 정의로, 하나의 기호를 동일한 의미의 다른 기호로 정의하는 것이다. 이 정의는 피정의체와 정의체가 모두 동일한 언어이든 아니든 간에 손쉽게 효과적으로 사용할 수 있는 방법이지만, 대부분의 용어들은 정확한 동의어를 가지고 있지 않다는 점에서 그 한계가 있다.

내포적 정의에 관해 언급하기 전에 먼저 언급해야 할 또 다른 종류의 정의는 **조작적 정의**(operational definition)이다. 하나의 기호에 대한 조작적 정의는 특수한 조작의 수행이, 임의의 경우에 특수한 결과를 필요충분적으로 산출할 때 그 용어는 그 경우에 적용되어진다는 사실을 진술한다. 하나의 기호에 대한 조작적 정의는 오로지 공적이며 반복가능한 조작에 관계하는 정의체를 가지고 있다. 결국 어떤 기호는 어떤 주어진 경우에 그 기호가 적용될 수 있을지 없을지를 결정하는 조작이 원리상 가능할 때, 의미를 갖게 되며, 그 조작을 지배하는 규칙은 그 기호의 의미가 된다.

동의어에 의한 정의가 사용될 수 없고, 조작적 정의가 부적적할 때, 우리는 종종 **유와 종차에 의한 정의**를 사용한다. 이 정의가 곧 내포적 정의이다. 이 정의의 방법은 또한 구분에 의한 정의라고도 불린다. 왜냐하면 유와 종차에 의해 기호가 정의될 수 있음은, 곧 몇몇 속성들은 두 개 혹은 그 이상이 속정으로 분해될 수 있다는 사실에 근거하기 때문이다.

이 정의에 있어서 「유」와 「종차」라는 용어는 종종 다음과 같은 방식으로 사용된다. 즉 여러 개의 하위집합으로 나뉘어지는 원래 집합을 「유」라고 한다. 그리고 여러 개의 하위집합은 「종」이라고 한다. 이 때 「유」나 「종」이라는 것은 「부모」나 「자식」이란 말처럼 상대적인 말이다. 동일한 사람이 자기 자식과의 관계에서는 부모지만 자기 부모와의 관계에서는 자식이 듯이, 동일한 집합이 자기보다 상위의 것에 대해서는 종이요 자기보다 하위의 것에 대해서는 유가 된다. 그런데 집합이란 것은 어떤 공통된 특징을 가진 것들의 모임이기 때문에, 그 원소들은 공통적인 어떤 특성을 지닌다. 예컨대 다각형의 집합의 모든 원소는 한정된 직선에 의해 둘러싸여 있다는 특징을 가진다. 이 다각형의 집합은 삼각형, 사각형, 오각형…의 집합으로 나누어질 수 있다. 이 하위집합들은 다각형의 집합이 가지는 특징을 공유하면서, 제각기의 특징을 가진다. 하나의 하위집합은 다른 하위집합이 가지지 못하는 특징을 가지는데, 이 특징을 종차라고 한다. 유와 종차에 의한 정의란, 어떤 하나의 하위집합을 표시하는 기호를, 그 하위집합(종개념)의 고유한 특징을 유개념과 결합시킴으로써 정의하는 방법이다. 예컨대 "삼각형"은 "세 개의 직선으로 둘러싸인 다각형"으로 정의된다. 또한 "인간"을 "이성적 동물"로 정의한 고대의 정의 역시 유와 종차에 의한 정의의 예이다.

유와 종차에 의한 정의에도 두 가지 한계점이 있다. 우선 이 방법은 복합적인 속성을 가지고 있는 기호에 대해서만 적용할 수 있다. 단순하여 분해될 수 없는 속성을 가진 기호는 이러한 정의의 방법이 적용될 수 없다. 예컨대 미각에 관계된 기호들의 경우가 그러하다. 신맛의 경우, 우리는 그것을 여러 가지 맛의 복합된 맛으로 생각할 수 없기 때문에 유와 종차에 의한 정의를 적용할 수가 없다. 또 따른 한계점은 보편적 속성을(내포적으로) 의미하는 기호들에 대해서도 적용될 수 없다는 점이다. 예컨대 존재와 같은 개념은, 그것이 정의되기 위해서는 상위의 집합이 있어야 하는데 「존재」라는 개념은 그 자신 최고유개념이기 때문에 유와 종차에 의한 정의의 방법으로 정의될 수 없다.

5. 유와 종차에 의한 정의의 규칙

아래서 제시되는 규칙들은 좋은 정의를 만드는데 유용하다기 보다는 오히려 제출된 어떤 정의를 평가하는 기준으로 사용되는 것이 더 나을 것이다.

규칙 1 : 정의는 종의 본질적 속성을 진술해야 한다.

어떤 기호에는 주관적 내포, 객관적 내포, 관례적 내포가 있다. 주관적 내포란 그 기호를 사용하는 어떤 사람이 그 말의 외연을 구성하는 대상이 가지고 있다고 주관적으로 믿는 모든 속성을 말한다. 이 주관적 내포는 개인에 따라 다양하며 다를 수 있다. 객관적 내포란 그 기호의 외연을 구성하는 모든 대상에 공통된 속성의 총체를 말한다. 따라서 객관적 내포란 변하지 않으며, 사람에 따라 다를 수가 없다.

개념의 주관적 내포는 사람에 따라, 심지어 동일인인 경우에는 시간에 따라 다를 수 있기 때문에 정의의 목적을 위해서는 부적절하다. 객관적 내포 역시 정의의 목적을 위해서는 부적절하다. 왜냐하면 어떤 개념의 외연을 완전히 매거하는 것이 가능한 아주 특수한 경우에 있어서 조차도, 그 외연의 범위 내에 포함되는 대상들이 가지고 있는 모든 속성을 알아내기 위해서는 전지전능한 능력이 필요할 것이기 때문이다.

그러면 관례적 내포란 어떤 것인가? 관례적 내포란 어떤 대상이 문제가 되고 있는 기호의 외연에 속하는가 속하지 않는가를 결정하기 위하여, 언어사용자들의 동의하에 확립된 관례적인 기준이다. 이 관례적 내포가 정의를 내리고 의사소통을 함에 있어 가장 중요하다. 왜냐하면 이 관례적 내포는 주관적 내포와는 달리 사적이지 않고 공적이며 객관적 내포처럼 그 기호의 사용자가 전지전능하지 않더라도 그 사용자에게 이해되기 때문이다.

따라서 규칙 1은 피정의체의 관례적 내포를 진술하라는 것으로 바꾸어 이해되어도 무방하다. 그리하여 "원"을 주관적인 내포로 정의해서도 안 되지만, 객관적인 내포를 사용하여 "동일한 둘레를 가진 다른 어떤 닫혀진 평면도형보다도 더 큰 면적을 싸잡을 수 있는 평면도형"으로 정의하는 것도 바람직스러운 정의는 아니다. 원에 대한 관례적 내포는 중심점에서 같은 거리에 있는 모든 점의 집합으로 이루어진 닫혀진 평면도형일 것이기 때문이다.

규칙 2 : 정의는 순환적이어서는 안 된다.

정의는 피정의체의 의미를 설명하는 것을 기본적인 목적으로 하고 있다. 그런데 피정의체를 설명하는 정의체 속에 피정의체가 다시 사용된다면 이 정의는 훌륭한 정의라고 할 수 없을 것이다. 이러한 정의를 우리는 순환적 정의라고 한다. 이 규칙은 그러나 유와 종차에 의한 정의에서는 보다 넓게 이해되어야 한다. 즉 유와 종차에 의한 정의에서는 정의체 속에 피정의체와 동일한 기호가 사용되어서는 물론 안 되지만, 또한 정의체 속에 피정의체와 동의적인 말, 즉 동의어가 사용되어서도 안 된다는 것이다.

규칙 3 : 정의는 너무 좁거나 넓어서는 안 된다.

이 규칙은 정의체는 피정의체의 의하여 (외연적으로) 의미된 것보다도 더 적은 것 혹은 더 많은 것을 (외연적으로) 의미해서는 안 된다는 것을 말하고 있다. 정의체가 피정의체에 의해 지시되는 것보다 더 적은 것을 외연적으로 의미할 때, 우리는 그 정의를 좁다고 하고, 정의체가 피정의체에 의해 지시되는 것보다 더 많은 것을 외연적으로 의미할 때, 그 정의를 넓은 정의라고 부른다.

다음과 같은 이야기는 이 규칙이 얼마나 지키기 어려운 규칙인가를 잘 말해준다. 플라톤의 후계자들이 아테네의 아카데미아에서 "인간"을 정의하기 위해서 많은 시간을 들여 곰곰이 생각한 끝에 마침내 인간을 「깃없는 이족동물」로 정의하고서는 크게 만족하였다. 그런데 디오게네스가 닭의 깃털을 모두 뽑은 후에 그것을 아카데미아 담장너머로 던져 넣었다고 한다. 여기에 깃없는 이족 동물이 있다. 확실히 그것은 깃없는 이족 동물이지만 그러나 그것은 인간이 아니다. 따라서 이 정의는 너무 넓다고 할 수 있다. 아카데미아 학도들은 더 생각한 끝에 「넓은 발톱을 가진」이란 구절을 첨가시켰다고 한다.

규칙 4 : 정의는 애매한 말, 모호한 말, 비유적인 말을 사용해서는 안 된다.

정의의 기본목적이 피정의체의 의미를 설명하는 것이라면, 정의체 속에 애매한 용어가 사용되어서는 안 된다는 것은 분명한 이치이다. 그리고 정의의 목적이 또한 의미를 명료화하는 것이라면, 모호한 용어가 사용되어서는 안 된다는 것은 분명한 이치이다. 비유적이나 은유적인 언어를 사용하는 것 역시 정의되는 용어에 대한 어떤 느낌을 줄지는 모르나, 피정의체의 의미를 분명하게 한다는 정의의 목적에는 부적합하다. 예컨대 "사랑"을 "창밖의 빗물 같은 것"으로 정의한다면 이 정의는 사랑에 대해 설명해 주는 것이 거의 없다고 할 것이다.

규칙 5 : 정의는 긍정적인 언어로 정의될 수 있을 때 부정적 언어로 정의되어서는 안 된다.

이 규칙이 만들어진 이유는, 정의는 피정의체가 무엇을 의미하는가를 설명하려는 것이지, 무엇을 의미하지 않는가를 설명하려는 것이 아니기 때문이다. 「소파」를 「의자도 아니고 침대도 아닌 것」으로 정의하는 것은 이 규칙을 어긴 경우이다. 물론 정의되어야할 기호의 본질적 특성으로 말미암아 부정적인 언어로 정의될 수밖에 없는 경우가 있다. 즉 「고아」란 「양친이 생존해 있지 않은 어린이」로 정의되어도 무방하다는 것이다.

연습문제

1. "기도"와 "연기"를 사전적으로 정의하고 각각의 두 가지 의미를 지적해 보시오.

2. "중년부인"과 "알콜중독자"에 대해 정확하게 하는 정의를 해 보시오.

3. 다음 기호를 부분적 매거에 의해 외연적으로 정의해 보시오.
   (1) 섬 (2) 작곡가 (3) 가수
   (4) 소설 (5) 국회의원

4. 다음 기호를 즉물적으로 정의해 보시오. 그리고 몸짓의 애매함을 확인하시오.
   (1) 선생님 (2) 시계 (3) 여자
   (4) 미남 (5) 하늘

5. 다음의 유와 종차에 의한 정의를 그 규칙에 의해 평가해 보시오.
   (1) 논리학이란 사고의 법칙을 다루는 학문이다.
   (2) 성실한 사람이란 거짓말을 하지 않고, 훔치는 행위를 하지 않는 사람이다.
   (3) 정치권력이란 한 계급이 다른 계급을 억압하는 조직화된 힘이다.

(4) 독이란 유독성을 가진 물질이다.

(5) 만족이란 채워지지 않은 욕구를 가지지 않은 상태를 의미한다.

(6) 낙타란 사마의 배이다.

(7) 진화란 물질이 비규정적이고 비정합적인 동질성으로부터 규정적이고 정합적인 이질성으로 변화해가는 과정이다.

(8) 건축이란 얼어붙은 음악이다.

(9) 시간이란 흐르는 강물이다.

(10) 수학이란 수를 연구하는 학문이다.

(11) 회화란 캔버스에 붓으로 그린 그림이다.

(12) 여대생이란 고등교육기관에 재학중인 젊은 여자를 의미한다.

(13) 번데기란 가난한 하숙생의 영양제이다.

제 2 부 연 역

제5장
정언 명제와 직접 추론

제 5 장

정언 명제와 직접 추론

1. 표준 형식의 정언 명제

1) 정언 명제의 성질과 분량

정언 명제(categorical proposition)는 조건을 붙이지 않고, 절대적으로 표현된 명제이다. 그리하여 "학생들이 운동장에서 놀고 있다"는 정언 명제이다. 반면에 "먹구름이 끼지 않는다면 보름달을 보게 될 것이다"는 정언 명제가 아니다. 그러나 정언 명제는 결코 언표된 조건에 종속하지는 않지만, 함의된 조건 아래에서 진술된다. 앞의 예 "학생들은 운동장에서 놀고 있다"는 정언 명제는 "학생들이 있다"는 가정 또는 조건을 항상 함의적으로 전제하고 있다.

이미 언급된 바지만, 모든 명제는 무엇인가를 긍정하거나 부정한다. 즉 무엇인가를 주장하고 있다. 왜냐하면 명제는 어떤 것이 그러하다 또는 그러하지 않다는 사실을 분명하게 진술하기 때문이다. 따라서 모든 명제는 긍정적이든가 아니면 부정적이다. 명제의 이러한 성격을 명제의 성질(quality)이라고 부른다. 이때 긍정 혹은 부정은 항상 주어에 대한 긍정 혹은 부정이다. 주어에 대해 긍정적으로 술어화된 명제는 긍정 명제, 주어에 대해 부정적으로 술어화된 명제는 부정 명제이다. 여기서 긍정되거나 부정되는 주어 개념은, 그 개념이 지시하는 구성원 전체를 의미할 수도 있고, 아니면 일부를 의미할 수도 있다. 이것을 명제의 분량(quantity)이라고 말한다. 여기서 분량이란 양의 많음 혹은 적음을 또는 수의 많고 적음을 의미하는 것이 아니라, 구성원 전체 혹은 일부를 의미한다. 예컨대 "어떤 사람은 낮잠을 즐긴다"는 명제의 주어는 사람이라는 개념이 지시하는 구성원 전체가 아니라 일부에만 관계한다. 반면에 "어떤 사람도 완전하지 않다"는 명제의 주어는 사람이라는 개념이 지시하는 구성원 전체와 연관되어 있다. 앞의 명제를 특칭(particular) 명제라 하고, 뒤의 명제를 전칭(universal) 명제라 한다. 따라서 모든 정언 명제는 성질에 있어서는 긍정 혹은 부정이요, 분량에 있어서는 전칭 혹은 특칭이다.

따라서 논리적인 의미에서의 명제는 문법적인 구조에 대한 언급에 의해서 해석되어야 하는 것이 아니라, 함의된 사고의 의미를 고려하는 방식에 의해서 해석되어야 한다. 이런 관점에서 논리적인 의미에서의 명제는 두 가지가 고려되어야 한다. (1) 그 명제는 무엇에 대해서 긍정 혹은 부정하는가? 즉 주어는 무엇인가? (2) 긍정 혹은 부정은 전체에 관련해서 이루어지는가, 아니면 일부에 관련해서 이루어지는가? 따라서 명제의 의미가 불분명할 때, 그 명제가 진술되는 그럴 듯한 상황을 고려해야 하고, 그런 상황과 관련해서 합리적으로 그 명제를 해석해야 한다. 예컨대,

결코 다쳐본 적이 없는 사람이 상처를 비웃는 법이다.

는 명제는, 그것의 문법적인 측면에서만 살펴볼 때, "결코 다쳐본 적이 없는 모든 사람은 상처를 비웃는다"를 의미하는 것처럼 보인다. 그러나 조금만 용의주도하게 살펴본다면, 이것은 잘못된 해석이라는 점을 알 수 있다. 왜냐하면 다쳐본 적이 없는 사람 중 상당수는 결코 상처를 비웃지 않기 때문이다. 그러므로 위의 명제는 "상처를 비웃는 모든 사람은 결코 다쳐본 적이 없는 사람이다"라고 해석되어야 한다.

하나의 명제는 세 요소로 나뉘어진다. 주어, 술어, 계사(繫辭 : copula)가 그 세 요소이다. 여기서 주어란 무엇에 관해 주장이 만들어지는 주체이며, 술어란 주어에 관해 무언가를 주장하는 바의 것이다. 계사란 이 양자를 연결시키는 것으로서, "이다", 혹은 "아니다"로 표현된다. 여기서 우리는 논리적인 의미에서의 주어, 술어와 문법적인 의미에서의 주어, 술어가 다르다는 사실을 눈여겨 볼 필요가 있다. 문법적인 의미에서의 주어는 일반적으로 문장의 주명사 또는 대명사이고, 술어는 거의 항상 주동사이다. 그러나 논리적인 의미에서의 주어와 술어는 주장되는 주체가 무엇인지에 의해서 결정된다. 예컨대 다음과 같은 문장을 살펴보자.

> 우리는 하나 또는 그 이상의 감관을 증거로 해서 그것이 어떤 물질인가를 안다.

이 문장에서 문법적인 주어는 "우리"이며, 문법적인 술어는 "안다"(혹은 "어떤 물질인가를 안다")이다. 그러나 "우리"는 논리적인 주어가 아니요, "안다"는 논리적인 술어가 아니다. 왜냐하면 논리적인 의미에서 보았을 때, 주장되는 주어는 "우리"가 아니요, 주장하고 있는 술어는 "안다"가 아니기 때문이다. 논리적인 주어와 술어를 분명하게 표시하면, 다음과 같은 문장이 된다.

> 물질에 관한 우리의 인식은 우리의 감관을 증거로 해서 우리에게 나타난다.

여기서 논리적인 주어는 "물질에 관한 우리의 인식"이다. 문법적인 술어는 "나타난다"이다. 그러나 이 술어는 계사와 논리적 술어를 동시에 포함한다. 그리하여 이 문장을 명제의 형식으로 표현하면 다음과 같이 된다.

> 물질에 관한 우리의 인식은 우리의 감관을 증거로 해서 우리에게 나타나는 인식이다.

여기서 논리적인 술어는 "우리의 감관을 증거로 해서 우리에게 나타나는 인식"이다. 주어의 분량을 분명하게 표시하면, 이 명제는 다음처럼 된다.

물질에 관한 우리의 모든 인식은 우리의 감관을 증거로 해서 우리에게 나타나는 인식이다.

위의 논의를 요약하면 모든 명제는 성질상으로는 긍정 또는 부정적이면서, 분량상으로는 전칭 또는 특칭이다. 따라서 모든 명제는 다음의 네 형식 중 하나에 속한다. 즉 전칭 긍정 명제, 전칭 부정 명제, 특칭 긍정 명제, 특칭 부정 명제, 이 네 형식 중 하나에 속한다. 편의를 위해서 이 네 명제는 A명제, E명제, I명제, O명제로 약칭된다. (이 명칭으로 사용되는 네 개의 문자는 라틴어 "affirmo"-"나는 긍정한다"-와 "nego"-"나는 부정한다"-의 모음을 따온 것이다.) 만약 주어를 S로, 술어를 P로 표기한다면, A, E, I, O 명제는 각각 다음과 같은 식으로 표현된다.

A명제 : 모든 S는 P이다.	All S is(혹은 are) P.
E명제 : 어떤 S도 P가 아니다.	No S is(혹은 are) P.
I명제 : 어떤 S는 P이다.	Some S is(혹은 are) P.
O명제 : 어떤 S는 P가 아니다.	Some S is(혹은 are) not P.

이런 식으로 표현되는 명제를 표준 형식의 정언 명제라 부른다. 일상적인 담화나 서술은 위의 네 가지 형식으로는 표현되지 않지만, 이 네 가지 형식으로 환원될 수 있다. 이 네 가지 형식으로 환원하는 이유는, 일상적 언어로 표현된 진술은 불분명하며, 따라서 잘못된 추론을 유도할 수 있는데, 이런 네 가지 형식이 이를 방지해주기 때문이다. 그러므로 모든 명제를 이와 같은 논리적인 형식으로 진술하는 목적은 불명료성을 제거하여 오류를 피하는 데 있다.

2) 일상 명제를 표준 형식의 정언 명제로 바꾸는 법

우리의 일상 언어는 너무나 풍부하고 다양해서, 이런 언어를 표준 형식의 정언 명제로 바꾸는 일목요연한 규칙을 제시하는 것은 불가능하다. 어떤 경우든 주어진 명제를 이해하는 능력이 중요하다. 그러나 몇 가지 관례적인 기법을 알아 두면 편리하다.

(1) 명사가 없는 술어

"모든 사람은 죽는다", "모든 장미는 아름답다"와 같은 명제의 술어는, 즉 "죽는다", "아름답다"는 성질을 나타낸다. 표준 형식의 정언 명제로 고치기 위해서는 이런 성질을 나타내는 개념을 그 성질을 가지고 있는 집합의 개념으로 바꾼다. 예를 들면 아래와 같다.

모든 사람은 죽는다.
→ 모든 사람은 죽는 존재이다.

모든 장미는 아름답다.
→ 모든 장미는 아름다운 꽃이다.

(2) 단칭명제

단칭 명제는 특수한 사람, 장소, 사물, 시간 등에 관해 언표하고 있는 명제이다. 단칭 명제는 보통 하나의 지표(parameter)를 이용하여 전칭 명제로 바꾼다. 사용될 수 있는 지표는 다음과 같다.

-와 동일한 사람
-와 동일한 장소
-와 동일한 사물
-와 동일한 경우
-와 동일한 시간

예를 들면 아래와 같다.

홍길동은 죽는다.
→ 홍길동과 동일한 모든 사람은 죽는 사람이다.

나는 과일을 좋아한다.
→ 나와 동일한 모든 사람은 과일을 좋아하는 사람이다.

(3) 양화사 없는 명제

아무런 양화사도 붙지 않은 명제에 대해서는 특히 주의를 해야 하는데, 이런 명제들은 문맥에 따라서 전칭을 나타내기도 하고 특칭을 나타내기도 한다. 예를 들어보면 다음과 같다.

박쥐는 새가 아니다.
→ 어떤 박쥐도 새가 아니다.

고래는 포유 동물이다.
→ 모든 고래는 포유 동물이다.

로 바꾸는 것이 합리적이다. 반면에

모기 때문에 한 숨도 자지 못했다.
→ 어떤 모기는 나를 한 숨도 자지 못하게 한 곤충이다.

로 바꾸는 것이 좋다.

(4) 특정한 부사나 대명사가 있는 명제

"항상", "언제든", "일찍이 -하지 않는"(never), "-할 때마다"와 같은 시간적 부사어나, "-인 모든 곳에서", "어느 곳에서도 -하지 않은"(nowhere), "어느 곳에서든"과 같은 공간적 부사어를 포함하는 명제는 각각 "시간", "장소"와 같은 용어를 포함하는 명제로 바뀌어야 한다. "-인 모든 사람", "-인 모든 것"과 같은 대명사를 포함하는 명제는 각각 "사람", "사물"과 같은 용어를 포함하는 명제로 바뀌어야 한다. 예를 들면 아래와 같다.

그는 직장에 갈 때 항상 양복을 입는다.
→ 그가 직장에 가는 모든 시간은 그가 양복을 입는 시간이다.

그는 결코 점심 도시락을 학교에 가지고 오지 않는다.
→ 그가 학교에 가는 어떤 시간도 점심 도시락을 가지고 가는 시간이 아니다.

결코 봉황은 존재하지 않는다.

→ 어떤 장소도 봉황이 존재하는 장소가 아니다.

열심히 일하는 모든 사람은 누구든 성공할 것이다.
→ 열심히 일하는 모든 사람은 성공할 사람이다.

그녀는 자신이 원하는 모든 것을 한다.
→ 그녀가 하기를 원하는 모든 것은 그녀가 하는 것이다.

(5) 조건언 명제

전건과 후건의 명제가 같은 것을 지칭할 때는 통상 정언 명제로 전환될 수 있다. 다음이 예이다.

만약 그것이 쥐라면, 그것은 포유동물이다.
→ 모든 쥐는 포유동물이다.

어떤 동물이 네 다리를 가지고 있다면, 그것은 새가 아니다.
→ 어떤 네 다리 동물도 새가 아니다.

그래서 "만약 낙동강이 부산에 있다면, 부산은 큰 도시이다"는 정언 명제로 전환될 수 없다.

(6) 배제적 명제

"…만이", "-를 제외하고는 어느 누구도", "-을 제외하고는 어떤 것도"등을 포함하고 있는 명제를 "배제적" 명제라고 한다. 이런 명제는 주어와 술어를 혼동시키는 경우가 많은데, 만약 이런 진술이 조건 진술로 바뀌어질 수 있다면, 혼동은 피해질 수 있을 것이다. 예컨대 "귀빈만이 앞좌석에 앉을 수 있다"는 "만약 어떤 사람이 앞좌석에 앉을 수 있다면, 그는 귀빈이다"와 동일한 의미를 가지고 있는 진술이다. 이 진술은 "앞좌석에 앉을 수 있는 모든 사람은 귀빈이다."로 바뀌어야 한다. 만약 "모든 귀빈은 앞좌석에 앉을 수 있는 사람이다."로 바꾸었다면, 그것은 잘못된 것이다. 따라서 배제적 명제는 주어와 술어의 위치를 바꾸어 표준 형식으로 변형시킨다.

자격증을 가진 사람들만이 입사 시험에 합격했다.
→ 입사 시험에 합격한 모든 사람은 자격증을 가진 사람이다.

사법 고시에 합격한 사람을 제외하고는 어느 누구도 판사가 될 수 없다.
→ 판사인 모든 사람은 사법 고시에 합격한 사람이다.

(7) "모든 …인 것은 …이 아니다"와 같은 명제는 특칭 부정 명제로 바꾸어야 한다. 이하는 예이다.

모든 어른이 다 어른스러운 것은 아니다.
→ 어떤 어른은 어른스러운 사람이 아니다.

(8) 예외적 명제

"거의 모든", "전부는 아니지만", "…을 제외하고는 모두다", "상당한" 등을 포함하고 있는 명제들은 "예외적" 명제로서, 실제로 일상 문맥에서 한 가지 주장을 하고 있다기보다는 두 가지 주장을 하고 있는 복합 명제이다. 예를 들면 다음과 같다.

거의 모든 학생이 축구 경기를 관람했다.
→ 어떤 학생은 축구 경기를 관람했다. 그리고 어떤 학생은 축구 경기를 관람하지 않았다.

신입생을 제외하고는 모두 다 장학금을 받을 자격이 있다.
→ 신입생이 아닌 모든 학생은 장학금을 받을 자격이 있는 사람이다. 그리고 어떤 신입생도 장학금을 받을 자격이 있는 사람이 아니다.

(9) "유일한"을 포함하는 명제

"유일한"을 포함하는 명제는 전칭 명제로 변형되어야 한다. 이때 "유일한"이 꾸며주는 개념이 원명제에서 주어였든 술어였든 관계없이, 새 명제에서는 항상 주어가 된다.

이 집 안에서 활개치고 다니는 유일한 사람은 아이들이다.
→ 이 집 안에서 활개치고 다니는 모든 사람은 아이들이다.

귀빈이 앞좌석에 앉게 될 유일한 사람들이다.
→ 앞좌석에 앉게 될 모든 사람은 귀빈이다.

3) 정언 명제의 주연 관계

명제에 대해 또 하나 언급해야 할 것은 주연(周延) 관계이다. 명제의 주어와 술어와의 내포 관계를 분량적으로 표시하기는 어려우나, 외연 관계는 분량적으로 표시할 수가 있다. 즉 주어의 전부 또는 부분이 술어의 전부 또는 부분에 관계하고 있는지 어떤지에 따라서 주연 관계 여부가 결정된다. 어떤 명제가 이 관계에서 외연 전부에 관해서 무언가를 주장하고 있을 때, 즉 개념이 지시하는 대상의 전 범위에 걸쳐 남김없이 관계하고 있을 때, 그 개념은 주연된(distributed) 개념이라 하고, 부분에 관해서만 주장하고 있을 때, 그 개념은 부주연된(undistributed) 개념이라고 한다. 이하에서 각 명제의 주연 관계를 살펴보기로 한다.

A 명제 : 모든 사람은 동물이다.

이 명제는 주어의 전부, 즉 "사람"의 전부에 관해 무언가를 주장하고 있기 때문에, 이 명제의 **주어는 주연되어** 있고, 반면에 주어 전부는 술어 "동물"의 일부이기 때문에, 즉 이 명제는 일부의 동물이 사람임을 주장하고 있기 때문에, 이 명제의 **술어는 부주연되어** 있다.

E 명제 : 어떤 동물도 식물이 아니다.

이 명제는 모든 동물에 대해서 무언가를 주장하고 있기 때문에, 이 명제의 **주어는 주연되어** 있으며, 이 명제는 동시에 동물 모두

가 식물 모두와 완전히 무관하다는 것을 주장하고 있기 때문에, 이 명제의 **술어 또한 주연**되어 있다.

I 명제 : 어떤 청년은 학생이다.

이 명제는 모든 청년이 아니라, 청년의 일부에 대해 무언가 주장하고 있기 때문에, 이 명제의 **주어는 부주연**되어 있다. 이 명제는 학생의 일부가 청년이라고 주장하고 있으며, 학생 모두가 청년이라고 주장하고 있지 않으므로, 즉 처녀인, 어린 아이인, 중년인, 노년인 학생이 있을 터이므로, 이 명제의 **술어 또한 부주연**되어 있다.

O명제 : 어떤 정치가는 양심적인 사람이 아니다.

이 명제는 정치가 전부가 아니라, 정치가 일부에 대해 무언가 주장하고 있다. 따라서 **주어는 부주연**되어 있다. 또한 이 명제는 정치가의 일부가 양심적인 사람 모두에서부터 완전히 배제되어 있다는 것을 주장하고 있다. 물론 일부의 정치가 중 양심적인 사람이 있을 수 있겠으나, 여기서 언급되는 혹은 주장되는 정치가는 양심적인 사람의 부류에서부터 완전히 배제되어 있다. 따라서 이 명제의 **술어는 주연**되어 있다.

이상의 진술을 다음과 같이 요약할 수 있다. 전칭 명제는 긍정적이든 부정적이든 그 주어 개념이 주연되어 있고, 반면에 특칭 명제는 긍정적이든 부정적이든 그 주어 개념이 부주연되어 있다. 따라서 어떤 표준 형식의 정언 명제의 분량은 그 주어 개념이 주연되어 있는지 어떤지를 결정한다. 또한 긍정 명제의 술어 개념은 전칭적이든 특칭적이든 부주연되어 있는 반면에, 부정 명제의 술어 개념은 전칭적이든 특칭적이든 주연되어 있다. 따라서 표준 형식의 정언 명제의 성질은 그 술어 개념의 주연 여부를 결정한다. 이상의 내용을 아래와 같이 도표로 나타낼 수 있다.

주어 개념이 주연인 경우

술어개념이 부주연인 경우

A : 모든 S는 P이다	E : 어떤 S도 P가 아니다
I : 어떤 S는 P이다	O : 어떤 S는 P가 아니다

술어개념이 주연인 경우

주어 개념이 부주연인 경우

연습문제

1. 다음의 일상 언어로 표현된 명제를 표준 형식의 정언 명제로 바꾸시오.

(1) 그의 모든 이야기가 다 믿을 만한 것은 아니다.

(2) 시저가 이것을 한다고 말하면 그 일은 행해진다.

(3) 많은 문법의 규칙들은 우리의 기억력을 부담스럽게 한다.

(4) 끝이 좋으면 모두 좋다.

(5) 그는 항상 성공했다.

(6) 약함을 보이는 모든 징후가 다 불명예는 아니다.

(7) 큰 소리 치는 놈 겁 안 난다.

(8) 소수의 노동자만이 생존하였다.

(9) 어떤 사람이 사려도 없고 절제도 없다면, 그는 부유할 수도 행복할 수도 없는 사람이다.

(10) 일부를 제외하고는 거의 모든 사람들이 선거에 참여했다.

(11) 학생들을 제외한 모든 사람은 참석할 자격이 있다.

(12) 장미에는 가시가 있다.

(13) 아름다운 이야기는 항상 우리를 감동시킨다.

(14) 하면 된다.

(15) 관계인 외 출입금지.

(16) 칼로 일어선 자 칼로 망하리라.

(17) 그는 항상 외제 물건만 찾는다.

(18) 최근 심심찮게 청소년 범죄가 일어난다.

(19) 태양을 향해 있는 사람은 자신의 그림자를 보지 못한다.
(20) 가는 말이 고우면 오는 말이 곱다.
(21) 나는 친구들만 초대했다.
(22) 어느 누구도 그것을 할 수 있다.
(23) 사람은 죽기 마련이다.
(24) 유령? 그런 것은 없어.
(25) 그들이 존경하는 유일한 사람은 부모들이다.
(26) 그 동굴에 생명체가 있다면, 그 생명체는 지상에서 발견할 수 있는 그런 종류의 것이 아닐 것이다.
(27) 두드려라, 그러면 열릴 것이다.
(28) 그의 말은 도무지 신뢰할 수가 없어.
(29) 생명의 탄생에는 항상 진통이 따르는 법이다.
(30) 늦게 배운 도둑 날 새는 줄 모른다.

2. 다음 명제의 주어와 술어가 무엇이며, 또한 주연되어 있는지 부주연되어 있는지를 밝히시오.
(1) 반짝거리는 모든 것이 금인 것은 아니다.
(2) 눈치만 빠르면 절간에서도 새우젓을 얻어먹을 수 있다.
(3) 여자와 개구리는 뛰는 방향을 알 수 없다.
(4) 5,6 공 시절의 어떤 정치 군인 출신의 정치인도 참다운 의미에서 정치인이 아니다.
(5) 최근의 김모 전 의원 집에서 일어난 강도 사건과 같은 사건들은 기성 정치인들에 대한 보이지 않는 불만 세력이 있음을 암시해 준다.

2. 직접 추론

1) 대당 관계에 의한 직접 추론

연역 추론(논증)에서 하나의 전제 명제로부터 직접적으로 결론 명제를 도출하는 추론을 직접 추론(immediate inference) 혹은 추리(reasoning)이라고 한다. 그렇지 않은 연역 추론을 간접 추론 혹은 추리라고 한다. 예컨대,

모든 포유 동물은 등뼈 동물이다.

그러므로, 모든 비등뼈 동물은 포유 동물이다.

는 직접 추론이고,

모든 사람은 죽는다.
모든 영웅은 사람이다.

그러므로, 모든 영웅은 죽는다.

는 간접 추론이다.

직접 추론에는 **대당 관계에 의한 직접 추론과 명제 변형에 의한 직접 추론**이 있다. **대당**(對當 : opposition) 관계란 동일한 주어와 술어를 가지고 있으나 분량이나 성질이 한 쪽이나 혹은 두 쪽 다 상이한 두 명제 사이의 관계를 말한다. 대당 관계에 의한 직접 추론이란 대당 관계에 놓여 이는 두 명제 중 하나가 참일 때

혹은 거짓일 때, 다른 명제의 참, 거짓 값은 어떤가를 결정하는 추론이다. 대당 관계는 아래와 같은 사각형에 의해서 쉽게 이해되는데, 이런 사각형은 전통적으로 **대당 관계 사각형**(square of opposition)이라 불리운다.

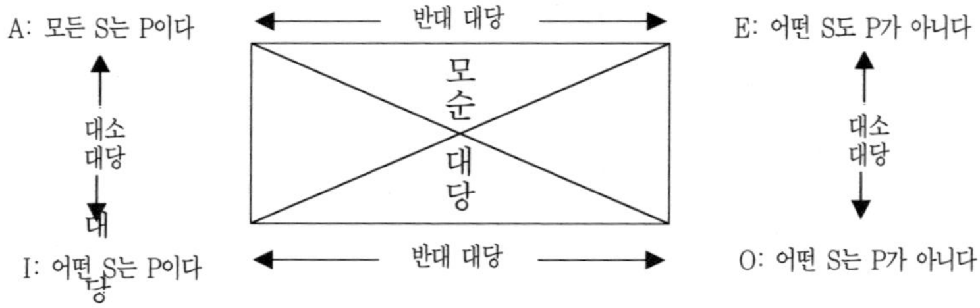

모순(contradictory) **대당 관계**에 있는 두 명제는 분량과 성질 모두가 대당 관계를 이루는데, 이 관계에 놓여 있는 두 명제 중 만약 하나가 참이면 다른 하나는 반드시 거짓이어야 한다. 즉 이 관계에 있는 두 명제는 둘 다 참일 수도, 둘 다 거짓일 수도 없다. 즉,

모든 까마귀는 검은 새이다(A).
어떤 까마귀는 검은 새가 아니다(O).

이 두 명제가 모두 참인 경우는 있을 수 없으며, 마찬가지로

어떤 정치가도 이상주의자가 아니다(E).
어떤 까마귀는 검은 새가 아니다(O).

이 두 명제가 모두 참인 경우도 있을 수 없다.

반대(contrary) **대당 관계**에 있는 두 명제는 양자가 동시에 참일 수는 없으나, 동시에 거짓일 수는 있다. 즉 양 명제 중 하나가 참이면 다른 하나는 반드시 거짓이지만, 하나가 거짓인 경우 다른 하나의 참, 거짓은 알 수 없다. 예컨대,

모든 사람은 철학자이다(A).
어떤 사람도 철학자가 아니다(E).

이 두 명제가 모두 거짓일 수 있는 가능성은 있으나, 모두 참일 수 있는 가능성은 없다.

반대 대당과는 반대로, **소반대**(subcontrary) **대당 관계**에 있는 두 명제는 둘 다 거짓일 수는 없으나, 둘 다 참일 수는 있다. 즉 하나가 참일 때 다른 하나의 참, 거짓은 알 수 없지만, 하나가 거짓이면 다른 하나는 반드시 참이다. 예컨대,

어떤 사람은 음악가이다(I).
어떤 사람은 음악가가 아니다(O).

이 두 명제의 경우처럼 동시에 참일 때도 있으나,

어떤 청년은 사람이다(I).
어떤 청년은 사람이 아니다(O).

이 두 명제의 경우처럼 하나는 참이지만 다른 하나는 거짓일 수도 있다. 그러나 소반대 대당 관계에 있는 두 명제가 모두 거짓인 경우는 있을 수 없다.

소반대 대당 관계의 특성은 **양립 가능하다**(compatible)는 데 있다. 두 명제가 동시에 참일 수 있는 명제를 양립 가능한 명제라고 한다. 따라서 위에서 소개된 모순 대당 관계나 반대 대당 관계는 불가능하며, 아래에서 소개될 대소 대당 관계는 양립 가능하다.

대소(subalteration) **대당 관계**에 있는 두 명제에서는, 전칭의 참은 특칭의 참을 결정하지만, 그 역은 불가능하고, 특칭의 거짓은 전칭의 거짓을 결정하지만, 그 역은 불가능하다. 다시 말한다면, 전칭 명제가 참이라면, 대소 대당 관계에 있는 특칭 명제는 반드시 참이지만, 특칭 명제가 참이라면, 대소 대당 관계에 있는 전칭 명제의 참, 거짓은 알 수 없다. 또한 특칭 명제가 거짓이라면, 대소 대당 관계에 있는 전칭 명제는 거짓이지만, 전칭 명제가 거짓이라면, 대소 대당 관계에 있는 특칭 명제의 참, 거짓은 알 수 없다. 예컨대,

모든 인간은 동물이다(A).

가 참이면,

어떤 인간은 동물이다(I).

는 참일 수밖에 없다. 반면에,

모든 인간은 음악가이다(A).

가 거짓일 경우,

어떤 인간은 음악가이다(I).

가 참인지 거짓인지는 알 수 없다.

아래의 도표는 대당 관계에 의한 추론을 일목요연하게 그린 것이다. 여기서 T는 참, F는 거짓, U는 불명(不明)이다.

	A, E, I, O가 참				A, E, I, O가 거짓			
	A	E	I	O	A	E	I	O
A	T	F	U	F	F	U	F	T
E	F	T	F	U	U	F	T	F
I	T	F	T	U	U	T	F	T
O	F	T	U	T	T	U	T	F

2) 존재 가정의 문제와 벤 다이어그램

우리는 지금까지 전통적인 혹은 아리스토텔레스적인 명제 해석에 의해서 직접 추론을 전개하였다. 그런데 이런 해석에 대해 현대 영국의 논리학자인 부울(George Boole :1815-1864)이 이의를 제기했다. 예컨대 "모든 거미 인간은 다리가 여덟이다"(A)와 "어떤 거미 인간은 다리가 여덟이 아니다"(O), 이 두 명제는 모순 대당 관계에 있다. 모순 대당 관계에 있는 두 명제 중 하나가 참이면, 다른 하나는 반드시 거짓이어야 한다. 그런데 만약 거미 인간이 존재하지 않는다면, 위의 두 명제는 거짓이다. 따라서 위의 두 명제의 모순 대당 관계는 성립하지 않는다. 그러므로 모순 대당 관계가 성립하기 위해서는 거미 인간이 존재한다는 것을 가정하지 않으면 안 된다.

존재를 가정해야 하는가, 해서는 안 되는가? 이 문제에 대해서는 논리학자들 사이에서 의견이 분분하다. 만약 존재를 가정한다면 위에서 소개한 대당 관계에 의한 직접 추론이 그대로 성립할 것이다. 그렇다면 존재를 가정해서는 안 된다고 주장하는 학자는, 즉 부울 식 해석을 따르는 학자는 전통적인 대당 관계에 의한 직접 추론을 통째로 폐기해 버리는가? 그렇지는 않다. 이들은 다른 모든 대당 관계를 인정하지는 않지만, 그러나 모순 대당 관계는 성립하는 것으로 이해한다. 이를 위해서는 명제에 대한 특별한 해석이 주어지지 않으면 안 된다. 이 해석(부울 식 해석)에 따르면 I명제와 O명제는, 즉 특칭 명제는 존재를 함축하고 있다(existential import). 반면에 A명제와 E명제, 즉 전칭 명제는 존재를 함축하고 있지 않다. 그럴 경우 모순 대당 관계는 성립할 것이다. 부울 식 해석을 따를 경우, 표준 형식의 정언 명제는 다음처럼 표현된다.

A명제 : 모든 양서는 마음의 양식이다.
마음의 양식이 아닌 양서는 존재하지 않는다.
E명제 : 어떤 포유 동물도 깃털을 가진 동물이 아니다.
포유 동물이면서 깃털을 가진 동물은 존재하지 않는다.
I명제 : 어떤 사람은 거짓말쟁이다.

거짓말쟁이인 사람이 적어도 하나는 존재한다.
O명제 : 어떤 군인은 영웅이 아니다.
영웅이 아닌 군인이 적어도 하나는 존재한다.

부울 식 관점에서 재해석된 표준 형식의 정언 명제를 기호로 표시해 주고, 그것을 변형된 대당 관계 사각형에 기입해 주면, 모순 대당 관계가 성립한다는 것이 분명하게 드러난다. 예컨대 어떤 개념 S에 의해서 지시된 부분의 구성 원소가 하나도 존재하지 않는다는 것을 S=0로 표시한다. 또한 어떤 개념 S에 의해서 지시된 부분의 구성 원소가 적어도 하나는 존재한다는 것을 S≠0로 표시한다. 이런 식으로 하여 S와 P의 공통 부분의 구성 원소가 존재하지 않는다는 것은 SP=0으로, S와 P의 공통 부분의 구성 원소가 적어도 하나는 존재한다는 것은 SP≠0으로 표시한다. 이런 약정을 근거로 해서 표준 형식의 정언 명제를 기호로 표시하면 다음과 같다. 여기서 $\overline{S}$는 "S가 아닌 부분"을 의미한다.

A : $S\overline{P}=0$
E : $SP=0$
I : $SP\neq0$
O : $S\overline{P}\neq0$

이와 같은 기호를 변형된 대당 관계 사각형에 기입하면 아래와 같이 된다.

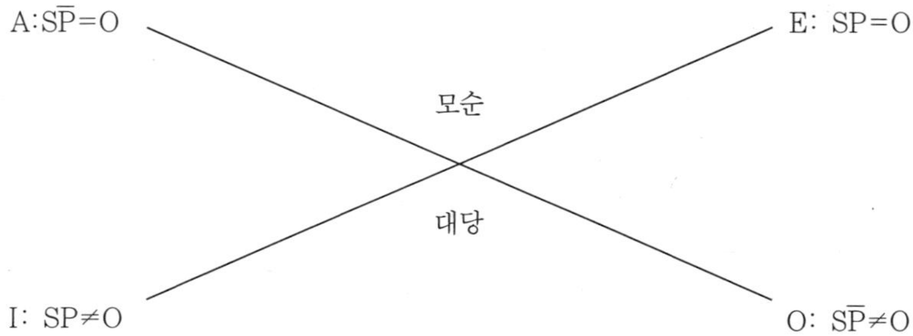

이러한 기호를 19세기의 논리학자인 벤(John Venn)이 다이어그램화 하고 있는데, 이것을 벤 다이어그램이라고 한다. 벤 다이어그램은 위의 내용을 직각적으로 파악하는 데 필요하다.

아래의 원은 S의 부류를 표시해 주기는 하되 S에 대해서 아무런 정보도 주고 있지 않다.

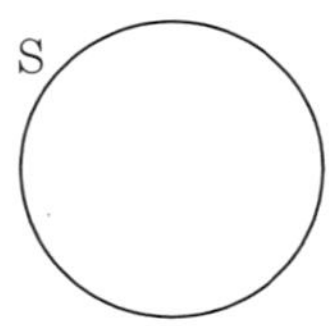

아래의 빗금을 쳐 준 원은 “S의 구성 원소가 하나도 존재하지 않는다”는 것을 의미하고, 안에 X가 기입된 원은 “S의 구성 원소가 적어도 하나는 존재한다”는 것을 의미한다. 표준 형식의 정언 명제를 그리기 위해서는 아래와 같이 S와 P를 나타내는 두 원을 겹쳐 그리면 된다.

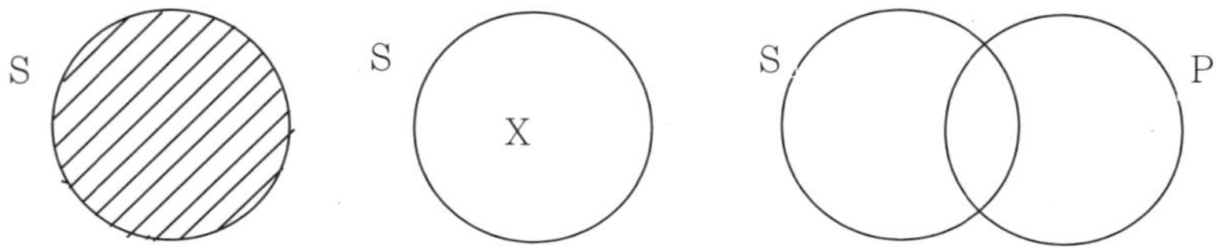

네 가지 표준 형식의 정언 명제에 대한 벤 다이어그램과 변형된 형식의 대당 관계 사각형을 함께 그리면 다음과 같다.

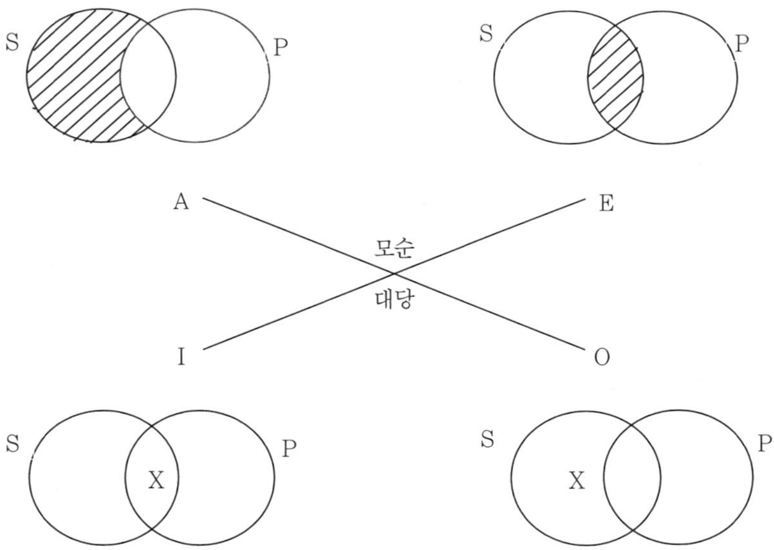

그러나 전통적인 혹은 아리스토텔레스적인 해석에 근거한 표준 형식의 정언 명제도 벤 다이어그램화 할 수 있다. 어떤 경우든 S의 부류에 속하는 구성 원소가 적어도 하나는 존재한다는 것을 표시하기 위해서 빗금 쳐지지 않은 S 부분에 X를 표시해 주면 된다.

여기서 하나 주의할 일은 전통적인 해석과 부울 식 해석 사이에 우열을 가릴 수 없다는 것이다. 따라서 우리는 이 두 방식을 모두 이해해야 하며, 이런 요구는 표준 형식의 정언적 삼단 논법의 타당성 검사에도 적용된다. 이하는 전통적인 명제 해석에 대한 벤 다이어그램과 대당 관계 사각형을 함께 그린 것이다.

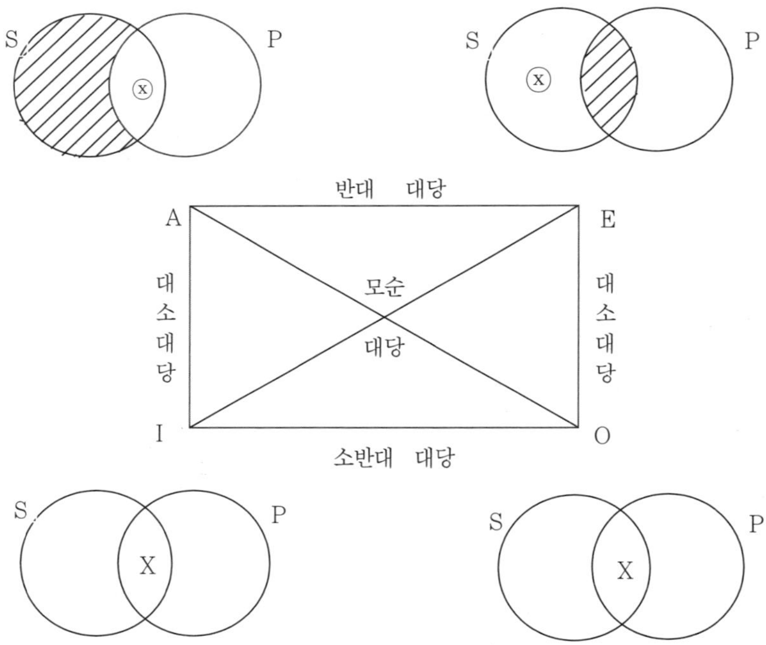

3) 명제 변형에 의한 직접 추론

명제 변형에 의한 직접 추론 중, 환위는 전통적 혹은 아리스토텔레스적 관점에서만, 즉 모든 경우에 S가 지시하는 부류의 구성 원소가 존재한다는 것을 가정하는 관점에서만 가능하며, 부울 식 관점에서는 가능하지 않다. 나머지 명제 변형에 의한 직접 추론은, 어떤 관점에서도 가능하다. 그러나 편의상 제한 환위를 제외하고는 부울 식 해석에 따라서 벤 다이어그램을 그리기로 하자.

명제 변형에 의한 직접 추론에 들어가기에 앞서서 우선 동치(equivalent)라는 말을 이해할 필요가 있다. 결론적으로 말한다면 제한 환위를 제외하고는 이하에서 소개되는 직접 추론은 두 명제 사이의 동치 관계의 표시이다. 두 개의 정언 명제들이 필연적으로 동일한 진위값(참, 거짓)을 가진다면, 이 두 명제들은 논리적으로 동치이다. 즉 한 진술이 참일 경우 다른 진술도 필연적으로 참이 되고, 한 진술이 거짓일 경우 다른 진술도 필연적으로 거짓이 될 때, 이 양 명제는 논리적으로 동치인 것이다.

환위법(conversion)은 명제의 주어와 술어의 위치를 바꾸어서 새 명제를 도출하는 직접 추론이다. 우선 E명제와 I명제를 환위시켜 동치인 명제가 도출되는지 어떤지를 벤 다이어그램을 통해서 알아보자. 우선 주어가 S이고 술어가 P인 E명제를 환위시켜 벤 다이어그램을 그려 보자.

같은 벤 다이어그램이 그려지기 때문에, 양자는 논리적으로 동치이다. I명제를 환위시켜 벤 다이어그램을 그려도, 결과가 같다는

것을 이하의 그림에서 알 수 있을 것이다.

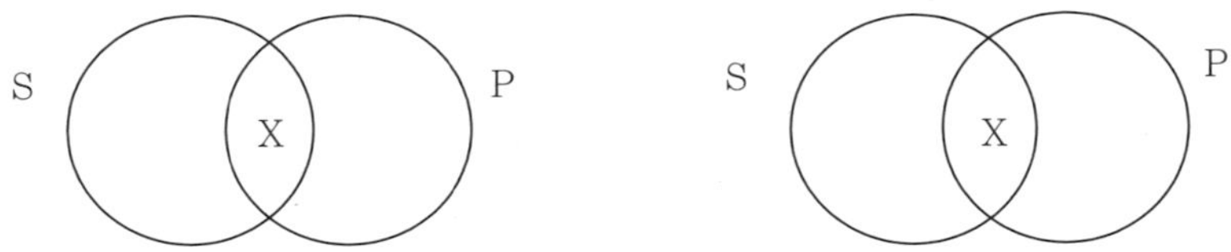

O명제를 환위시켜 보면, 다음의 벤 다이어그램에서 보다시피 동치가 되지 않음을 알 수 있다.

A명제를 단순히 환위시켜 보면 O명제의 그것처럼 논리적인 동치를 얻을 수 없다. 그러나 A명제를 **제한 환위**(comversion by limitation)시켜 보면 논리적 동치는 얻을 수 없으나, 함의(implication)된 명제는 얻을 수 있다. 이때에는 존재 가정의 관점에서 벤 다이어그램을 그려야 한다.

A : 모든 S는 P이다. I : 어떤 P는 S이다.

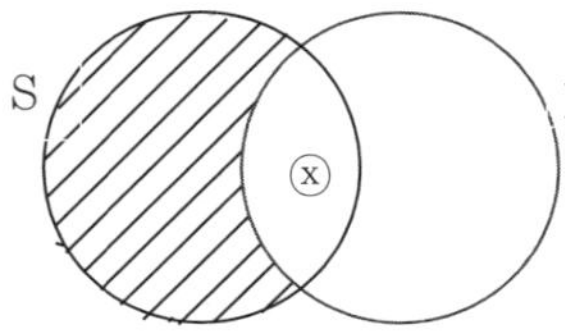

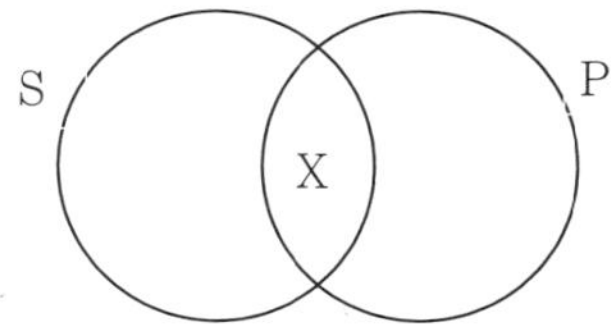

환질법(obversion)은 어떤 경우에도 동치적 명제를 얻을 수 있는 직접 추론이다. 환질법은 명제의 성질을 변화시키는 것과 동시에 술어의 모순 개념을 원래의 술어 대신에 기입하는 방법이다. 다음의 예를 살펴보자.

모든 인간은 유한한 존재이다. (A)
↓
어떤 인간도 무한한 존재가 아니다. (E)

어떤 철학자도 현실주의자가 아니다. (E)
↓
모든 철학자는 비현실주의자이다. (A)

어떤 군인은 정치 군인이다. (I)
↓
어떤 군인은 비정치 군인이 아니다. (O)

어떤 정치가는 거짓말쟁이가 아니다. (O)
↓
어떤 정치가는 비거짓말쟁이이다. (I)

이 중 첫 번째 예를 벤 다이어그램에 의해서 그리면 다음과 같다.

A : 모든 S는 P이다. E : 어떤 S도 P가 아니다.

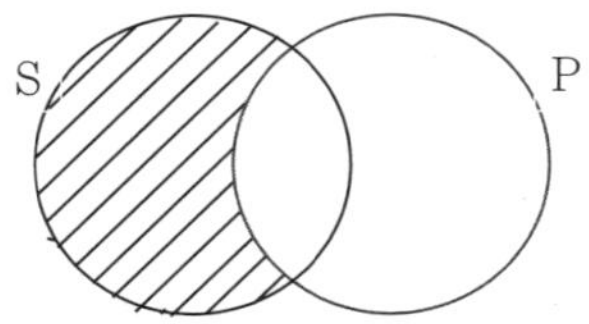

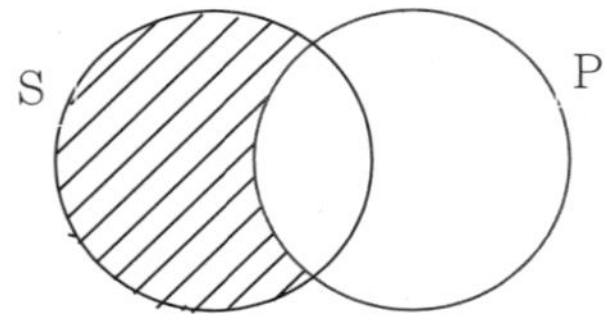

환질 환위법(contraposition)에서 동치를 얻을 수 있는 명제는 두 가지 뿐이다. A명제와 O명제는 환질 환위가 가능하고, E명제와 I명제는 환질 환위가 불가능하다. 다음은 A명제와 O명제의 환질 환위의 예이다.

A 명제의 환질 환위 :

모든 포유 동물도 척추 동물이다. (A)
↓
어떤 포유 동물도 비척추 동물이 아니다. (E)
↓
어떤 비척추 동물도 포유 동물이 아니다. (E)

O 명제의 환질 환위 :

어떤 정치가는 거짓말쟁이가 아니다. (O)
↓
어떤 정치가는 비거짓말쟁이다. (I)
↓
어떤 비거짓말쟁이는 정치가이다. (I)

연습문제

1. 다음의 각 경우에서 가 명제가 참이라면, 나, 다, 라 명제가 참인지 거짓인지를 전통적인 대당 관계 사각형에 의해서 밝히시오.
   (1) 가. 모든 성공한 학자는 지성인이다.
       나. 어떤 성공한 학자도 지성인이 아니다.
       다. 어떤 성공한 학자는 지성인이다.
       라. 어떤 성공한 학자는 지성인이 아니다.
   (2) 가. 어떤 초식동물도 사나운 동물이 아니다.
       나. 모든 초식동물은 사나운 동물이다.
       다. 어떤 초식동물은 사나운 동물이다.
       라. 어떤 초식동물은 사나운 동물이 아니다.
   (3) 가. 어떤 정치가는 양심가이다.
       나. 모든 정치가는 양심가이다.
       다. 어떤 정치가도 양심가가 아니다.
       라. 어떤 정치가는 양심가가 아니다.
   (4) 가. 어떤 상인은 거짓말쟁이가 아니다.
       나. 모든 상인은 거짓말쟁이다.
       다. 어떤 상인도 거짓말쟁이가 아니다.
       라. 어떤 상인은 거짓말쟁이다.

2. 다음의 논증이 타당한지 어떤지를 전통적인 대당 관계 사각형에 의해서 확인하시오.

(1) 학교에서 종교 교육을 강조하는 모든 사람들은 자신들의 견해를 다른 사람에게 주입시키기를 고집하는 사람들이다. 그러므로 학교에서 종교 교육을 강조하는 어떤 사람들은 자신들의 견해를 다른 사람에게 주입시키기를 고집하는 사람들이다.

(2) 어떤 철학자의 저서들은 획기적인 저술이다. 그러므로 어떤 철학자의 저서들은 획기적인 저술이 아니다.

(3) 모든 주류(主流)의 보수주의자가 가난한 사람에게 합법적이자유 지원을 하는 일을 지지하는 사람이라고 하는 사실은 거짓이다. 그러므로 어떤 주류의 보수주의자도 가난한 사람에게 합법적인 자유 지원을 하는 일을 지지하는 사람이 아니다.

(4) ≪안네 프랑크의 일기≫를 비난하는 어떤 학교 당국자가 문명의 토대를 위협하는 사람이 아니라고 하는 것은 거짓이다. 그러므로 ≪안네 프랑크의 일기≫를 비난하는 어떤 학교 당국자는 문명의 토대를 위협하는 사람이다.

(5) 어떤 동아시아의 국가는 유교적 전통이 매우 강한 나라이다. 그러므로 어떤 동아시아의 국가는 유교적 전통이 매우 강한 나라가 아니다.

3. 다음 각 명제의 환위 명제를 도출하시오.

(1) 어떤 사람은 낫 놓고 기역자도 모르는 사람이다.

(2) 그 지역의 모든 사람은 고향 출신의 그 후보를 지원하고 있는 사람이다.

(3) 논리학의 모든 규칙들은 올바로 생각하는 데 도움을 주는 규칙이다.
(4) 가난한 어떤 사람도 행복한 사람이 아니다.
(5) 자신의 아이들에 대해서 귀여워해 주는 어떤 행동들은 바람직스러운 행동이 아니다.

4. 다음 각 명제의 환질 명제를 도출하시오.
(1) 모든 철학자는 논리학자이다.
(2) 어떤 고양이도 주인에게 충성스러운 동물이 아니다.
(3) 어떤 개는 사람보다도 더 호강을 누리는 존재이다.
(4) 어떤 철학자는 진실성이 있는 사람이 아니다.
(5) 약간의 학교의 우등생은 사회의 열등생이다.

5. 다음 각 명제의 환질 환위 명제를 도출하시오.
(1) 철학을 공부하는 모든 학생은 철학적 사유 방법을 배우는 학생이다.
(2) 셰익스피어의 어떤 희곡도 질 낮은 작품이 아니다.
(3) 어떤 교수들은 교수로서의 자질이 부족한 사람이다.
(4) 어떤 학생들은 학생으로서의 본분을 지키지 못하는 사람이다.
(5) 어떤 재판관들은 양심가가 아니다.

6. "모든 철학자는 논리학자이다"가 참이라면, 다음의 각 명제가 참인지 거짓인지, 아니면 불명인지를 밝히시오.
(1) 어떤 철학자도 비논리학자가 아니다.

(2) 어떤 철학자는 논리학자이다.
(3) 모든 논리학자는 철학자이다.
(4) 어떤 논리학자는 철학자가 아니다.
(5) 어떤 비논리학자는 철학자이다.
(6) 모든 비논리학자는 비철학자이다.

7. "어떤 동물도 정신적 존재가 아니다."가 참이라면, 다음의 각 명제가 참인지 거짓인지, 아니면 불명인지를 밝히시오.
(1) 모든 동물은 비정신적 존재이다.
(2) 어떤 동물은 정신적 존재이다.
(3) 어떤 정신적 존재는 동물이 아니다.
(4) 어떤 정신적 존재는 동물이다.
(5) 어떤 비정신적 존재는 동물이 아니다.
(6) 어떤 비정신적 존재도 동물이 아니다.

8. "어떤 성인은 순교자이다"가 참이라면, 다음의 각 명제가 참인지 거짓인지, 아니면 불명인지를 밝히시오.
(1) 어떤 성인은 비순교자가 아니다.
(2) 어떤 성인도 순교자가 아니다.
(3) 어떤 순교자는 성인이다.
(4) 모든 순교자는 성인이다.
(5) 어떤 비순교자도 비성인이 아니다.
(6) 어떤 비순교자는 비성인이다.

9. "어떤 재판관은 양심가가 아니다"가 참이라면, 다음의 각 명제가 참인지 거짓인지, 아니면 불명인지를 밝히시오.

(1) 어떤 재판관은 비양심가이다.

(2) 모든 재판관은 양심가이다.

(3) 어떤 양심가는 재판관이 아니다.

(4) 어떤 비양심가도 재판관이 아니다.

(5) 모든 양심가는 재판관이다.

(6) 어떤 비양심가도 비재판관이 아니다.

제6장
정언 삼단 논법

1. 표준 형식의 정언 삼단 논법
2. 표준 형식의 정언 삼단 논법의 타당성

제 6 장

정언 삼단 논법

1. 표준 형식의 정언 삼단 논법

삼단 논법은 두 전제로부터 결론이 추론되는 연역 논증이다. 정언 삼단 논법은 세 개의 정언 명제로 구성되어 있는 연역 논증인데, 이 논증은 오직 세 개의 개념만을 포함하고 있다. 또한 전제와 결론이 모두 표준 형식의 정언 명제이고, 일정한 순서로 배열되어 있는 정언 삼단 논법(categorical syllogism)을 표준 형식의 정언 삼단 논법이라 부른다. 이러한 순서대로 배열하기 위해 정언 삼단 논법의 개념과 전제들에 특정한 이름을 붙여 설명하면 편리하다.

표준 형식의 정언 삼단 논법의 결론은 전제들에서 나타나는 세 개의 개념 중 두 개를 포함하고 있는 표준 형식의 정언 명제이다. 결론의 술어로서 사용되는 개념은 대개념(大概念 : major term)

이라 불리우고, 결론의 주어로서 사용되는 개념은 소개념(小概念 : minor term)이라 불리운다. 예컨대,

어떤 영웅도 겁쟁이가 아니다.
어떤 군인은 겁쟁이이다.
―――――――――――――――
그러므로, 어떤 군인은 영웅이 아니다.

와 같은 표준 형식의 정언 삼단 논법에서 "군인"은 소개념이고, "영웅"은 대개념이다. 전제에만 나오고 결론에 나오지 않는 개념을 매개념(媒概念 : middle term)이라고 하는데, 위의 예에서 "겁쟁이"가 매개념이다.

대개념과 소개념은 각각 다른 전제에서 나타나는데, 대개념을 포함하고 있는 전제를 대전제(major premise), 소개념을 포함하고 있는 전제를 소전제(minor promise)라 한다. 위의 예에서 대전제는 "모든 영웅은 겁쟁이가 아니다"이며, "어떤 군인은 겁쟁이이다"가 소전제이다.

표준 형식의 정언 삼단 논법에서 대전제는 제일 앞에 오고 소전제는 두 번째, 그리고 결론이 마지막에 위치한다. 그러나 주의해야 할 점은 대전제, 소전제는 그 위치에 의해서 결정되는 것이 아니라, 대개념, 즉 결론의 술어를 포함하고 있는 전제가 대전제가 되고, 소개념, 즉 결론의 주어를 포함하고 있는 전제가 소전제가 된다는 사실이다.

표준 형식의 정언 삼단 논법의 형식은 식(式 : mood)과 격(格 : figure)에 의해서 달라진다. 첫째, 표준 형식의 정언 삼단 논법

은 표준 형식의 정언 명제의 형식과 배열에 따라서 달라지는데, 형식과 배열을 식이라 한다. 예컨대, 위의 삼단 논법에서 대전제는 E 명제이고, 소전제는 I 명제이며, 결론은 O 명제이다. 따라서 이 삼단 논법은 EIO 식이 된다.

그러나 표준 형식의 정언 삼단 논법의 형식은 식에 의해서만 결정되는 것이 아니다. 다음의 두 삼단 논법을 살펴보면 이를 알 수 있다.

모든 위대한 정치가는 정직한 사람이다.
어떤 훌륭한 판사는 정직한 사람이다.

그러므로. 어떤 훌륭한 판사는 위대한 정치가이다.

모든 철학자는 이상주의자이다.
어떤 철학자는 정신병자다.

그러므로, 어떤 정신병자는 이상주의자이다.

두 삼단 논법이 모두 AII식이다. 그러나 각각 다른 형식을 지니고 있다. 이들 형식의 차이점은 소개념을 S 로, 대개념을 P 로, 매개념을 M 으로 간략하게 표시하여 논리적인 구조를 보여줌으로써 분명하게 드러난다. 다음은 그 구조이다.

모든 P 는 M 이다.
어떤 S 는 M 이다.

∴ 어떤 S 는 P 이다.

모든 M 은 P 이다.
어떤 M 은 S 이다.

∴ 어떤 S 는 P 이다.

첫 번째 경우에는 매개념이 두 전제의 술어인데 반해서, 두 번째 경우에는 매개념이 두 전제의 주어로 되어 있다. 이처럼 전제에 있어서 매개념의 위치를 지시하는 것을 격이라고 한다. 표준 형식의 정언 삼단 논법이 가질 수 있는 가능한 격의 종류는 네 가지가 있다.

첫째, 매개념은 대전제의 주어이고, 소전제의 술어일 수 있다.

둘째, 매개념은 대, 소전제의 술어일 수 있다.

셋째, 매개념은 대, 소전제의 주어일 수 있다.

넷째, 매개념은 대전제의 술어이고, 소전제의 주어일 수 있다.

이 순서에 따라서 각 표준 형식의 정언 삼단 논법은 1격, 2격, 3격, 4격이라 불리운다. 이를 간략하게 다음과 같이 나타낼 수 있다.

1격	2격	3격	4격
M－P	P－M	M－P	P－M
S－M	S－M	M－S	M－S
∴S－P	∴S－P	∴S－P	∴S－P

방금 예를 들었던 두 삼단 논법을 각각 AII 식 2격, AII 식 3격이라 말하고, 간략하게 AII-2, AII-3으로 표기한다.

이런 식으로 모든 가능한 형식을 열거해 본다면, 우선 AAA, AAE, AAI, AAO, AEA…식으로 열거하여 64 가지 식이 나올 수 있고, 식마다 격이 4종류가 있기 때문에, 표준 형식의 정언적 삼단 논법(이하 삼단 논법으로 약기함)은 총 256가지가 나열될 수 있다. 그러나 이 중에서 타당한 형식을 가진 삼단 논법은 소수에 불과하다. 타당한 형식을 지닌 삼단 논법을 가려내는 방법은 이하에서 검토할 것이다.

연습문제

1. 다음 삼단 논법을 표준 형식의 정언 삼단 논법으로 고쳐 쓰고, 각각의 격과 식을 말하시오.

(1) 어떤 사회 개혁가는 광신자이다. 따라서 어떤 이상주의자는 광신자이다. 왜냐하면 모든 사회 개혁가는 이상주의자이기 때문이다.

(2) 어떤 핵추진 잠수함도 상업선이 아니다. 따라서 어떤 전함도 상업선이 아니다. 왜냐하면 모든 핵추진 잠수함은 전함이기 때문이다.

(3) 어떤 철학자는 수학자이다. 따라서 어떤 과학자는 철학자이다. 왜냐하면 모든 과학자는 수학자이기 때문이다.

(4) 모든 인공위성은 과학에서 중요한 업적이다. 그러므로 어떤 인공위성이 미국의 발명이 아닌 한, 과학에서 중요한 업적은 미국의 발명이 아니다.

(5) 범죄자는 결코 개척자가 아니다. 왜냐하면 모든 범죄자는 불미스러운 사람이고, 개척자 중 불미스러운 사람은 하나도 없기 때문이다.

(6) 모든 단백질은 유기 화합물이다. 왜냐하면 모든 효소는 단백질인데, 모든 효소는 유기 화합물이기 때문이다.

(7) 어떤 사람들은 이성을 사용하지 않는다. 그러므로 어떤 이성적 동물은 이성을 사용하지 않는다. 왜냐하면 모든 사람은 이성적 동물이기 때문이다.

(8) 어떤 미생물도 비유기체들이 아니다. 어떤 세균들은 미생물들이다. 그러므로 어떤 세균들은 유기체이다.

(9) 청소년 범죄자는 모두 적응에 실패한 사람들이다. 그런데 어떤 청소년 범죄자는 가정 파괴의 산물이다. 그러므로, 적응에 실패하는 어떤 사람들은 가정 파괴의 산물이다.

2. 표준 형식의 정언 삼단 논법의 타당성

삼단 논법의 타당성 또는 부당성을 검사하는 방법에는 두 가지가 추천될 수 있다. 하나는 벤 다이어그램을 통해서 검사하는 방법이고, 다른 하나는 규칙에 근거해서 검사하는 방법이다. 이하에서 각각 살펴보기로 한다.

1) 벤 다이어그램

이미 앞에서 우리는 표준 형식의 정언 명제를 나타내는 벤 다이어그램을 살펴보았다. 벤 다이어그램은 삼단 논법의 타당성을 검증하기 위해서 고안된 다이어그램으로, 이 다이어그램을 구상하기 위해서는 상호 교차되는 세 개의 원이 필요하다. 왜냐하면 삼단 논법의 두 전제는 각각 S, P, M 으로 표시되는 소개념, 대개념, 매개념이라는 세 개의 개념을 포함하고 있기 때문이다. 이것을 그림으로 나타내면 아래와 같다.

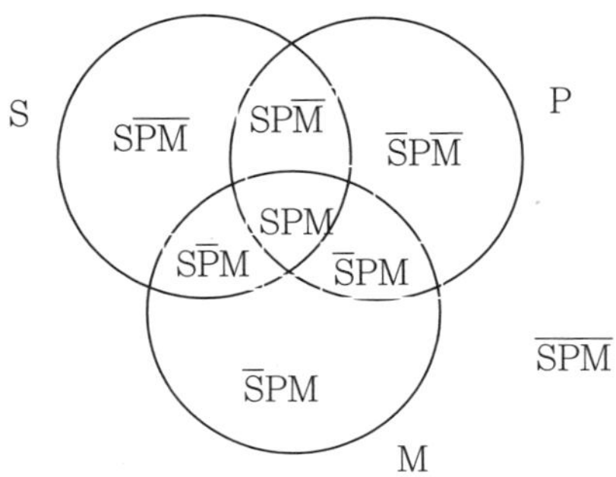

다음 삼단 논법의 타당성을 우선 검토해 보자.

모든 동물은 죽는 존재이다.
모든 인간은 동물이다.
―――――――――――――――
그러므로, 모든 인간은 죽는 존재이다.

이것을 S, P, M이라는 기호를 사용하여 나타내고, 벤 다이어그램을 그리기 위한 기호를 표시하면 다음과 같다.

모든 M 은 P 이다.	$M\bar{P}=0$
모든 S 는 M 이다.	$S\bar{M}=0$
∴ 모든 S 는 P 이다.	∴ $S\bar{P}=0$

우선 $M\bar{P}=0$를 그림으로 나타내면 다음과 같다.

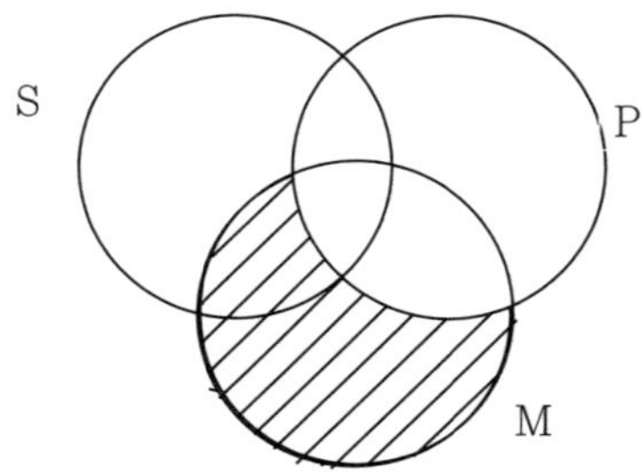

그 다음 이 그림에다 $S\bar{M} = 0$을 그려서 덧붙이면 다음과 같이 나타난다.

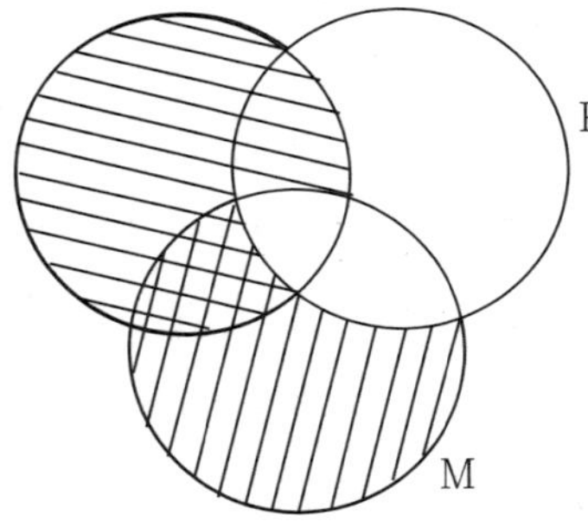

그런데 타당한 삼단 논법이란, 두 전제가 결론을 함의하고 있는 삼단 논법이다. 결론 $S\overline{P} = 0$은 위의 그림에서 $S\overline{P}M$와 $S\overline{P}M$ 부분이 빗금쳐짐을 의미한다. 그런데 두 전제를 표시한 위의 그림을 살펴보면 이미 $S\overline{P}M$와 $S\overline{P}M$ 부분에 빗금이 쳐져 있다. 이는 전제에서 진술되고 있는 범위 내에서 결론이 진술되고 있다는 의미이므로, AAA-1 형식의 삼단 논법은 두 전제가 결론을 내포하고 있다는 사실을 충족시키고 있으며, 따라서 타당한 논증이라 할 수 있다.

이제 AAA-2 형식을 지닌 삼단 논법의 타당성을 검토해 보기로 하자. 이 삼단 논법을 벤 다이어그램화 하기 위한 기호로 표시하고, 그것의 전제들을 다이어그램화 하면 다음과 같다.

$P\overline{M} = 0$
$S\overline{M} = 0$
$\therefore S\overline{P} = 0$

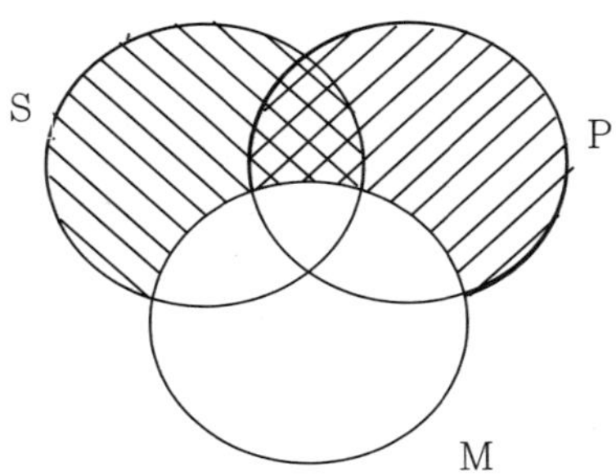

양 전제를 빗금으로 표시하면 $S\bar{P}\bar{M}$, $SP\bar{M}$, $\bar{S}P\bar{M}$ 부분에 빗금이 쳐져 있다. 여기서 $SP\bar{M}$이 중복으로 빗금쳐져도 아무 상관이 없다. 그러나 결론을 살펴보면 $S\bar{P}\bar{M}$ 와 $S\bar{P}M$, 이 두 부분에 빗금쳐져야 함을 알 수 있다. 그러나 위의 그림에서는 $S\bar{P}M$ 부분에 빗금이 쳐있지 않다. 따라서 이 삼단 논법은 전제에서 언급된 것 이상을 결론이 언급하고 있다. 즉 전제에서 함의되고 있지 않은 것이 결론에서 언급되고 있다. 그러므로 이 삼단 논법은 부당하다.

특칭 명제를 전제로 포함하고 있는 삼단 논법의 타당성을 검토해 보자.

I A I - 3 : $MP \neq 0$

$M\bar{S} = 0$

$\therefore SP \neq 0$

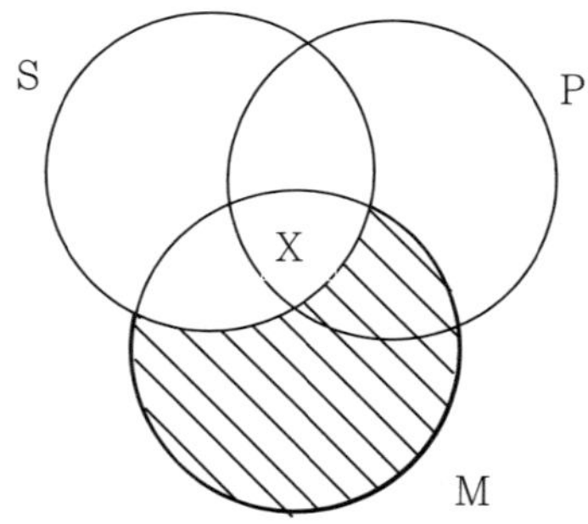

특칭 전제를 포함하는 삼단 논법의 타당성을 벤 다이어그램을 통해서 검사하기 위해서는 전칭 명제부터 그림으로 표시하는 것이 편리하다. 만약 특칭 전제부터 그리면, SPM 과 $\bar{S}PM$ 중 어느 부분에 x 가 기입되어야 하는지 결정하기 어렵다. 그러나 전칭 전제부터 그리면 $\bar{S}PM$ 부분에 이미 빗금이 쳐져 있기 때문에 x 가 $\bar{S}PM$ 부분이 아니라, SPM 부분에 기입되어야 한다는 것을 쉽게 결정할 수 있다. 타당성을 검사해 보면 이 삼단 논법은 타당하다는 것을 쉽게 알 수 있다. 결론은 $SP\overline{M}$ 과 SPM 부분에 적어도 하나의 구성 원소가 있다는 것을 주장하고 있는데, SPM 부분에서 구성 원소가 적어도 하나는 있다는 것이 전제를 표기할 때 이미 밝혀졌기 때문이다.

마지막으로 하나의 예를 더 들어보기로 한다.

$$\begin{array}{rl} \text{AII-2}: & P\overline{M} = 0 \\ & \underline{SM \neq 0} \\ & \therefore SP \neq 0 \end{array}$$

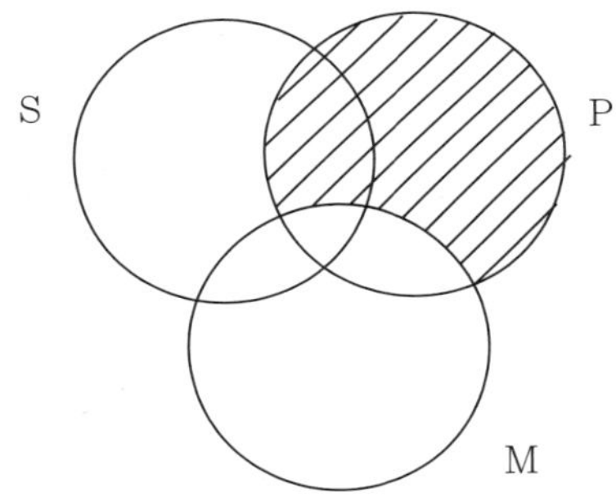

우선 위의 그림은 대전제를 그린 것이다. 이제 소전제를 그리고자 할 때, SPM 부분과 $S\overline{P}M$ 부분 중 어디에다 x를 기입해야 할지 결정하기 힘들다. 그래서 아래 그림과 같이 이 두 부분의 경계선에다 x를 기입한다.

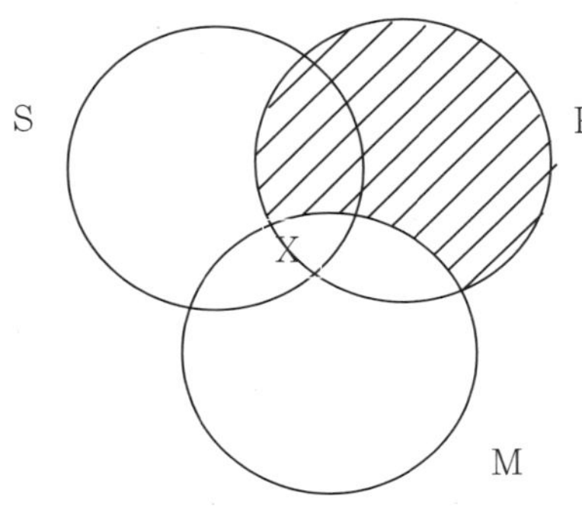

결론을 검토해 볼 때, 위의 논증이 타당하기 위해서는 x가 $SP\overline{M}$ 부분에 기입되어 있어야 하거나, SPM 부분에 기입되어 있어야 한다. 이 두 요구 중에 하나만이라도 충족되면 이 논증은 타당한 논증이 된다. 우선 $SP\overline{M}$을 보면, 이 부분은 이미 빗금이 쳐져 있고, 따라서 x를 포함하고 있지 않다. SPM 부분을 보면, 두 번째 요구도 충족되지 않음을 알 수 있다. 위의 벤 다이어그램은 SPM 부분에 구성 원소가 있거나 $S\overline{P}M$ 부분에 구성 원소가 있다는 사실을 진술하고 있을 뿐이지, 구성 원소가 $S\overline{P}M$에 있는 것이 아니라 SPM 부분에 있다는 사실을 이야기하고 있지 않다. 따라서 결론은 거짓될 수도 있다. 이것만으로도 이 논증이 부당하다는 사실을 알 수 있다.

이상의 방식으로 타당성을 검사하면, 총 256 형식의 삼단 논법의 형식 중 15 형식의 삼단 논법이 타당함을 확인할 수 있다. 이하가 타당한 형식의 삼단 논법이다.

1 격	2 격	3 격	4 격
A A A E A E A I I E I O	E A E A E E E I O A O O	I A I A I I O A O E I O	A E E I A I E I O

만약 전통적인, 혹은 아리스토텔레스적인 명제 해석에 입각한다면, 즉 모든 개념이 지시하는 부류의 구성 원소가 적어도 하나는 존재한다고 가정한다면, 타당한 논증 형식은 9개가 더 첨가된다.

이를 벤 다이어그램을 통해서 확인해 보기로 한다. 여기서 한 가지 기법이 첨가된다. 즉 위의 기법으로 벤 다이어그램을 그린 후에, 만약 S, P, M을 나타내는 원 중에 x가 기입되어 있지 않다면, 거기에다 x를 기입하고 타당성 검사를 하는 기법이 첨가된다. 이하에서 부울 식 해석에서는 타당하지 않지만, 전통적인 해석에서는 타당한 삼단 논법을 검토해 보기로 한다. 부울 식 해석에 근거해서 벤 다이어그램을 그리면 다음과 같다.

AAI-1 : $M\overline{P} = 0$

$S\overline{M} = 0$

$\therefore SP \neq 0$

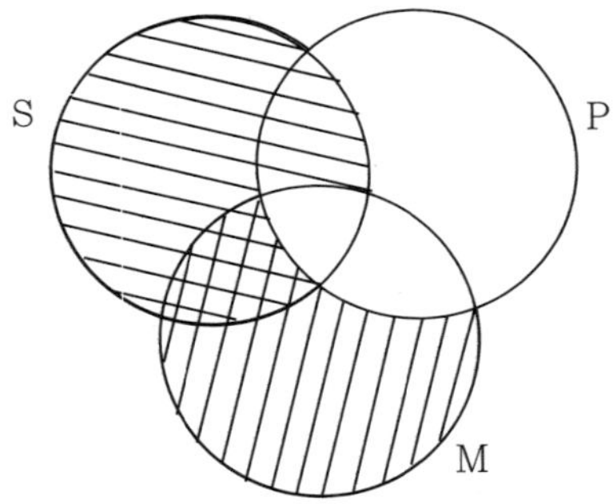

이 벤 다이어그램을 통해서는 이 삼단 논법은 부당한 것으로 확인된다. 왜냐하면 결론은 SPM 부분이나 SPM 부분에 구성 원소가 적어도 하나 존재할 것을 주장하고 있는데, 벤 다이어그램을 통해서 확인 결과 그 부분에 x가 기입되어 있지 않으며, 따라서 결론의 주장은 전제의 주장을 넘어선 셈이 되기 때문이다. 그러나 전통적 관점에 따라서, 삼단 논법이 포함하는 각각의 개념이 지시하는 부류에 적어도 하나의 원소가 존재한다고 가정해 보자. 그럴 경우 벤 다이어그램은 아래와 같이 된다.

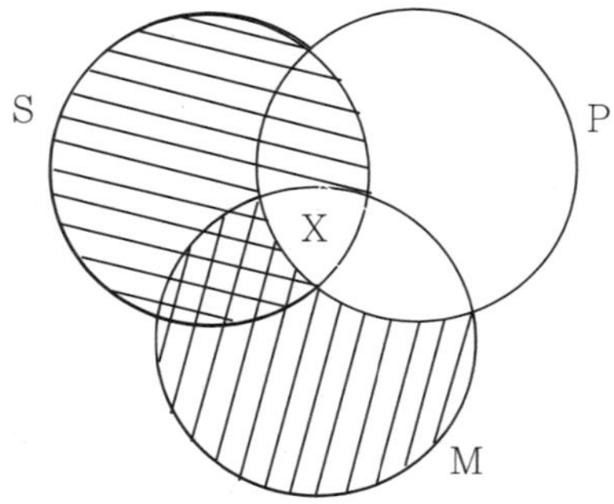

여기서 SPM 부분에만 x가 기입되었는데, 이 표시만으로도 SPM 각각이 지시하는 대상이 적어도 하나는 존재한다는 조건이 충족된다. 이 벤 다이어그램에 입각할 경우, 이 삼단 논법은 타당하다. 왜냐하면 SP$\overline{M}$ 부분이나 SPM 부분에 구성 원소가 적어도 하나 존재할 것을 주장하고 있는 결론의 요구를 이 벤 다이어그램은 충족시켜 주고 있기 때문이다.

이렇게 해서 타당한 삼단 논법으로 첨가된 형식은 다음과 같다.

1 격	2 격	3 격	4 격	첨가된 조건
A A I E A O	A E O E A O		A E O	S가 존재한다
		A A I E A O	E A O	M이 존재한다
			A A I	P가 존재한다

2) 규칙과 오류

규칙에 의한 타당성 검사란, 삼단 논법을 검토하여 이하에서 소개되는 규칙 중 하나라도 어기면 부당한 삼단 논법으로 간주하고, 그렇지 않은 삼단 논법은 타당한 삼단 논법으로 간주하는 검사이다. 이하에서 5가지 규칙과 6가지 오류가 소개되는데, 다섯 번째 규칙과 여섯 번째 오류는 부울 식 해석에 입각한 규칙과 오류이다. 만약 마지막 규칙과 오류를 적용한다면, 6.2.1에서 살펴본 것처럼, 첫 번째 소개한 15형식만 타당한 삼단 논법의 형식이고, 이 규칙과 오류를 적용하지 않는다면(즉 전통적 해석에 따른다면), 여기에다 두 번째 소개한 9형식의 타당한 삼단 논법이 첨가된다.

규칙 1: 타당한 표준 형식의 정언 삼단 논법에서 매개념은 전제 중에서 적어도 한 번은 주연되어야 한다.

대개념과 소개념이 매개념에 의해서 올바르게 연결되는 한에서, 결론에서의 대, 소 양개념의 연결이 이루어졌다는 주장이 정당화될 수 있다. 결론의 두 개념이 실제로 매개념을 통해서 연결되기 위해서는 두 개념 중 적어도 하나는 매개념이 지시하는 부류의 전체에 관계해야 한다. 그렇지 않다면 양 개념의 각각은 매개념이 지시하는 부류의 각각 다른 부분과 연결될 수도 있을 것이요, 이렇게 되면 대소 양 개념은 상호 필연적으로 연결되는 것은 아니다. 삼단 논법이 이 규칙을 위반하면 **매개념 부주연의 오류**(fallacy of the undistributed middle)를 범한다. 다음의 예는 이런 오류를 범한 삼단 논법이다.

모든 개는 포유 동물이다.
모든 고양이는 포유 동물이다.
―――――――――――――――
그러므로, 모든 고양이는 개이다.

규칙 2: 타당한 표준 형식의 정언 삼단 논법에서 개념이 결론에서 주연되어 있다면 그 개념은 전제에서 부주연되어서는 안 된다.

타당한 논증은 전제가 논리적으로 결론을 함의하고 있는 논증이다. 따라서 타당한 논증의 결론은 전제에 포함되어 있는 것을 넘어설 수 없다. 즉 전제에 포함되어 있는 것 이상을 주장해서는 안 된다. 전제에서 하나의 개념이 부주연되어 있는데, 결론이 그 개념을 주연시킨다면, 이는 전제가 주장하고 있는 것 이상을 주장하는 셈이 될 것이다. 이러한 삼단 논법은 타당하지 않다. 이러한 잘못은 대개념에서 일어날 수도 있고 소개념에서 일어날 수도 있다.

대전제에서 대개념이 부주연되었으나 결론에서 대개념이 주연된다면, 이 논증은 **대개념 부당 주연의 오류**(fallacy of illicit process of the major term)를 범한다. 다음의 예가 그 오류를 범한 삼단 논법이다.

모든 개는 포유 동물이다.
모든 고양이는 개가 아니다.
―――――――――――――――
그러므로, 모든 고양이는 포유 동물이 아니다.

이 논증에서 “포유 동물”이 대개념인데, 이 개념이 전제에서는 긍정 명제의 술어에, 결론에서는 부정 명제의 술어에 위치해 있고, 따라서 전제에서는 부주연되어 있는 데 반하여, 결론에서는 주연되어 있다. 따라서 이 삼단 논법은 대개념 부당 주연의 오류를 범하고 있다.

소전제에서 소개념이 부주연되었으나 결론에서 소개념이 주연되었다면, 이 삼단 논법은 **소개념 부당 주연의 오류**(fallacy of illicit process of the minor term)를 범하고 있다. 다음이 그 예이다.

> 모든 공산주의자들은 파괴분자들이다.
> 모든 공산주의자들은 현정부의 비판자들이다.
> ―――――――――――――――――――
> 그러므로, 모든 현정부의 비판자들은 파괴분자들이다.

여기서 결론은 현정부의 모든 비판자에 관해서 주장하고 있다. 그러나 전제는 그와 같은 모든 비판자에 관해서 주장하고 있는 것은 아니다. 따라서 결론은 부당하게도 전제가 보증하고 있는 것을 넘어선다. 여기서 문제가 되는 것은 소개념이기 때문에 이 논증은 소개념 부당 주연의 오류를 범하고 있다.

규칙 3: 대, 소 양 전제가 부정인 어떠한 표준 형식의 정언적 삼단 논법도 타당하지 않다.

부정 명제는 어떤 부로의 전체 또는 부분이 다른 부류의 전체로부터 배제되어 있음을 주장함으로써 포함 관계를 부인한다. 두 부정 전제는 단지 S가 M의 모두 혹은 부분으로부터 전체적으로 또는 부분적으로 배제되어 있음을, 그리고 P가 M의 전체 또는 부분으로부터 전체적으로 또는 부분적으로 배제되어 있음을 주장할 수 있을 뿐이다. 그러나 이러한 제약 때문에 S와 P가 어떤 방식으로 관계 맺는지 알 수 없다. 그러므로 두 부정 전제로부터 S와 P사이의 어떠한 관계도 타당하게 추론될 수 없다. 규칙 3을 위반한 삼단 논법은 **양 배제 전제의 오류**(fallacy of exclusive premisses)를 범하게 된다. 다음이 이 규칙을 위반한 예이다.

어떤 가난한 사람도 행복한 사람이 아니다.
어떤 공무원은 행복한 사람이 아니다.

그러므로, 어떤 공무원은 가난한 사람이 아니다.

규칙 4: 타당한 표준 형식의 정언 삼단 논법의 전제 중 하나가 부정이면 그 결론도 부정이어야 한다.

긍정의 결론은 하나의 부류가 다른 부류 속에 전체적으로 또는 부분적으로 포함되어 있다는 사실을 주장한다. 이것은 전제에서 세 번째 부류가 첫째 부류를 포함하고 있고, 또 둘째 부류에 포함되어 있다고 주장될 때만 정당화될 수 있다. 다시 말하면 긍정의 결론은 논리적으로 단지 양 전제가 긍정적이라는 사실로부터 도출될 수 있다. 따라서 하나의 전제가 부정이면 결론은 긍정적일 수가 없고 부정적이어야 한다. 규칙 4를 위반하는 논증은 부정 전제로부터 **긍정 결론을 이끌어내는 오류**(fallacy of drawing an affirmative conclusion from a negative premiss)를 범하게 된다. 예를 들면 다음과 같다.

어떤 채식 동물도 난폭한 동물이 아니다.
모든 사슴은 채식 동물이다.
―――――――――――――――――――
그러므로, 모든 사슴은 난폭한 동물이다.

규칙 5: 결론이 특칭으로 되어 있는 타당한 표준 형식의 정언 삼단 논법은 결코 두 개의 전칭 전제를 가질 수 없다.

이 규칙은 부울 식 명제 해석에 근거해서 첨가된 것이다. 따라서 전통적인 명제 해석에 따를 경우 이 규칙은 배제된다. 이미 앞에서 언급되었던 바, 표준 형식의 정언 삼단 논법이 15개의 타당한 형식을 가지는가, 24개의 타당한 형식을 가지는가의 여부는 이 규칙의 첨가 여부에 따라서 결정된다.

연습문제

1. 다음 삼단 논법의 타당성 여부를 벤 다이어그램에 의해서 확인하시오. 부울식 관점에서는 부당하나, 전통적 관점에서는 타당한 삼단 논법이 있다면 가려내시오.

(1) AEE-1	(2) EIO-2	(3) OAO-3
(4) AOO-4	(5) EIO-4	(6) OAO-2
(7) AOO-1	(8) EAE-3	(9) EIO-3
(10) IAI-4	(11) AOO-3	(12) EAE-1
(13) IAI-1	(14) OAO-4	(15) EIO-1

2. 다음 전제에서 어떤 결론이 도출되어야 타당한 삼단 논법이 되는지를 벤 다이어그램을 통해서 확인하시오. 만약 타당한 삼단 논법이 결코 만들어질 수 없다면, "결론 없음"이라고 쓰시오.

(1) 어떤 P도 M이 아니다.
모든 S는 M이다.
____

(2) 어떤 P는 M이 아니다.
어떤 M은 S이다.
____

(3) 어떤 M은 P이다.
모든 S는 M이다.
____

(4) 어떤 M은 P가 아니다.
모든 M은 S이다.

(5) 어떤 P는 M이다.
모든 M은 S이다.

(6) 어떤 M도 P가 아니다.
어떤 S는 M이 아니다.

(7) 모든 M은 P이다.
모든 S는 M이다.

(8) 모든 P는 M이다.
모든 S는 M이다.

(9) 어떤 P도 M이 아니다.
어떤 M은 S이다.

(10) 어떤 P도 M이 아니다.
어떤 M도 S가 아니다.

3. 다음 삼단 논법을 재구성하여, 다섯 가지 규칙을 사용하여 타당성 여부를 검사하시오. 부당한 삼단 논법이 있다면, 어떤 오류를 범하고 있는지 지적하시오. 또한 부울 식 관점에서는 부당하지만

전통적 관점에서는 타당한 삼단 논법이 있다면, 가려내시오.

(1) AAA-3	(2) IAI-2	(3) EIO-1
(4) AAI-2	(5) IEO-1	(6) EOO-4
(7) EAA-1	(8) AII-3	(9) AAI-4
(10) IAO-3	(11) AII-2	(12) AIO-3
(13) AEE-4	(14) EAE-4	(15) EAO-3
(16) EEE-1	(17) EAO-4	(18) OAI-3
(19) EAO-1	(20) AOO-2	

4. 다음 삼단 논법의 타당성 여부를 규칙을 사용하여 확인하시오. 부당한 삼단 논법이 있다면, 어떤 오류를 범하고 있는지 지적하시오. 부울 식 관점에서는 부당하지만 전통적 관점에서는 타당한 삼단 논법이 있다면, 가려내시오.

(1) 어떤 성운은 가스의 구름이다.
어떤 가스의 구름은 육간으로 보여질 수 없는 대상이다.
그러므로, 육안으로 보여질 수 없는 어떤 대상은 성운이다.

(2) 어떤 비극 배우도 바보가 아니다.
어떤 코미디언은 바보가 아니다.
그러므로, 어떤 코미디언은 비극 배우가 아니다.

(3) 모든 내부 침입자는 기소될 사람이다.
특별한 정보를 가지고 있는 어떤 행정관은 기소될 사람이 아니다.

그러므로, 특별한 정보를 가지고 있는 어떤 행정관은 내부 침입자이다.

(4) 약간의 발발이는 좋은 사냥개가 아니다.
모든 발발이는 멋진 개이다.

그러므로, 어떤 멋진 개도 좋은 사냥개가 아니다.

(5) 모든 투명 금속은 좋은 열 전도체이다.
모든 투명 금속은 좋은 전기 전도체이다.

그러므로, 어떤 좋은 전기 전도체는 좋은 열 전도체이다.

(6) 모든 영구 운동 기구는 100% 효율이 있는 기계이다.
모든 100% 효율이 있는 기계는 마찰 없는 베어링으로 만들어진 기계이다.

그러므로, 마찰 없는 베어링으로 만들어진 어떤 기계는 영구 운동기구이다.

(7) 모든 은행가는 골프광이다.
모든 중년 남자는 골프광이다.

그러므로, 모든 중년 남자는 은행가이다.

(8) 어떤 다이아몬드는 보석이 아니다.
어떤 수소 화합물은 다이아몬드이다.

그러므로, 어떤 수소 화합물은 보석이 아니다.

(9) 어떤 러시아인은 공산주의자가 아니다.
모든 공산주의자는 몽상가이다.

그러므로, 어떤 몽상가는 러시아인이 아니다.

(10) 논리학을 처음 배우는 어떤 학생도 이성적인 능력이 있는 사람이 아니다.
논리학을 처음 배우는 모든 학생은 피상적으로 논리 규칙을 알고 있는 사람이다.

그러므로, 피상적으로 논리 규칙을 알고 있는 어떤 학생은 이성 능력이 있는 사람이 아니다.

5. 다음 삼단 논법의 타당성 여부를 규칙을 사용하여 확인하시오. 부당한 삼단 논법이 있다면, 어떤 오류를 범하고 있는지 지적하시오. 부울 식 관점에서는 부당하지만 전통적 관점에서는 타당한 삼단 논법이 있다면, 가려내시오.

(1) 발명가는 모두 친숙한 사물 속에서 새로운 모형을 발견하는 사람이다. 그래서 모든 발명가는 기이한 사람이다. 왜냐하면 모든 기이한 사람은 친숙한 사물 속에서 새로운 모형을 발견하는 사람이기 때문이다.
(2) 기본적인 경제, 정치적 변화에 대한 모든 반대자는 국회에서 자유 노선을 걷는 지도자에 대한 노골적인 비판자이다. 그리고 모든 극우 보수주의자들은 기본적인 경제, 정치적

변화에 대한 반대자이다. 따라서 국회에서 자유 노선을 걷는 지도자에 대한 노골적인 모든 비판자는 극우 보수주의자이다.

(3) 민주 정치를 지지하는 모든 사람은 민주주의자이다. 그래서 모든 민주당원이 공화당의 반대자인 한에서, 민주 정치를 지지하는 모든 사람은 공화당의 반대자이다.

(4) 어떤 뱀은 위험한 동물이 아니다. 모든 뱀은 파행(爬行) 동물이다. 그러므로 어떤 위험한 동물은 파행 동물이 아니다.

(5) 음탕하고 육감적인 글을 쓰는 어떤 작가도 정직하고 예의바른 사람이 아니다. 그런데 어떤 신문 기자는 음탕하고 육감적인 글을 쓰는 작가가 아니다. 따라서 어떤 신문 기자는 정직하고 예의 바른 사람이다.

제 7 장
일상어 논증

1. 일상어 논증을 표준 형식의 정언 삼단 논법으로 바꾸는 방법
2. 생략 삼단 논법과 연쇄식
3. 선언 삼단 논법, 가언 삼단 논법, 딜레마

제 7 장

일상어 논증

1. 일상어 논증을 표준 형식의 정언 삼단 논법으로 바꾸는 방법

일상 언어로 말해지거나 쓰여진 정언 삼단 논법이 엄격한 표준 형식의 정언 삼단 논법의 형식을 갖는 일은 거의 없다. 양화사, 전제 혹은 결론이 표현되지 않는 경우가 많고, 논증과 상관없는 구절들이 삽입되기도 하며, 하나의 논증인 것처럼 보이지만 여러 개의 논증이 결합된 논증도 있다. 이런 논증의 타당성을 벤다이어그램이나 규칙에 의해서 검사하기 위해서는, 이 논증을 표준 형식의 정언 삼단 논법으로 다시 고쳐 쓸 필요가 있다. 본 절은 이 문제에 대해 논의할 것이다.

1) 개념 수 줄이기

개념의 수가 세 개 이상 있으나 개념의 수를 셋으로 줄여 표준 형식의 정언 삼단 논법으로 변형시킬 수 있는 논증이 있을 수 있다. 예컨대 다음의 논증을 살펴보기로 한다.

모든 사진사(P)는 비저술가(non-W)이다.
어떤 편집인(E)은 저술가(W)이다.
그러므로, 어떤 비사진사(non-P)는 비편집인(non-W)이 아니다.

이 삼단 논법은 "사진사", "비저술가", "편집인", "저술가", "비사진사", "비편집인"등 여섯 개의 개념을 포함하고 있기 때문에 표준 형식의 정언 삼단 논법은 아니다. 그러나 세 개념은 다른 세 개념의 부정이기 때문에, 개념의 수는 총 세 개로 줄여질 수 있다. 이런 일을 하기 위해서 환위, 환질, 환위 환질을 사용할 수 있다. 이런 일을 하는 것은 동치적 명제를 얻기 위함이다. 위의 예에서 첫째 전제를 환질하고, 결론을 환질 환위하면 표준 형식의 정언 삼단 논법을 얻을 수 있다.

원논증	새 논증
모든 P는 non-W이다.	어떤 P도 W가 아니다.
어떤 E는 W이다.	어떤 E는 W이다.
∴ 어떤 non-P는 non-E가 아니다.	∴ 어떤 E는 P가 아니다.

새 논증이 EIO-2이고, 이 논증이 타당하므로 우리는 원논증이

타당하다고 결론 내릴 수 있다. 반드시 위와 같은 절차를 거쳐서 새 논증을 도출할 필요는 없다. 우선 첫째 전제를 환질 환위하고, 두 번째 전제를 환위한 다음 환질하는 방법에 의해서도 타당한 새 논증을 얻을 수 있다. 새 논증은 다음과 같다.

모든 W는 non-P이다.
어떤 W는 non-E가 아니다.

어떤 non-P는 non-E가 아니다.

그런데 이 논증은 대전제가 두 번째에 위치해 있으므로, 양 전제의 위치를 바꾸어 다음과 같은 표준 형식의 정언 삼단 논법으로 만든다.

어떤 W는 non-E가 아니다.
모든 W는 non-P이다.

∴ 어떤 non-P는 non-E가 아니다.

이 논증은 OAO-3의 형식을 갖고 있기 때문에, 타당한 논증이다.

2) 일상어로 이루어진 논증

어떤 논증의 타당성을 검사하려면 그 논증은 정확히 세 개의 개념으로 이루어져야 하는데, 일상 논증을 세 개의 개념으로 줄이는 일은 방금 앞 절에서 했던 것보다 훨씬 복잡하고 어려운 경우가 많다. 논증을 이루는 명제들을 표준 형식의 정언 명제로 바꾸어야 하는 것은 물론이고 이것을 적절히 배치하지 않으면 안 된다. 이러한 일은 그렇게 용이한 것은 아니다. 다음의 논증을 살펴 보기로 한다.

사람들이 나이가 들 때까지 결혼을 늦출 때마다, 이혼율은 줄어든다. 요사이 사람들은 나이가 들 때까지 결혼을 늦추고 있다. 그러므로, 이혼율은 요사이 줄어들고 있다.

시제 부사 "때마다", "오늘날"은 "시간"이 공통 요소로 사용되어야 한다는 것을 암시한다. 이런 암시에 따라서 우리는 다음과 같이 논증을 구성할 수 있다.

사람들이 나이가 들 때까지 결혼을 늦추는 모든 시간은 이혼율이 줄어드는 시간이다. 모든 현 시간은 사람들이 나이가 들 때까지 결혼을 늦추는 시간이다. 그러므로, 모든 현 시간은 이혼율이 줄어드는 시간이다.

이 논증을 이제 S, P, M으로 기호화해 보자.

S : 현 시간
P : 이혼율이 줄어드는 시간
M : 사람들이 나이가 들 때까지 결혼을 늦추는 시간

모든 M은 P이다.
모든 S는 M이다.

∴ 모든 S는 P이다.

이 논증은 AAA-1의 형식을 가지고 있고, 따라서 타당하다.

하나의 예를 더 들어 보자.

> 부주의한 사람들이 놀던 곳에서만 버려진 종이 접시가 흩어져 있다. 여기에 버려진 종이 접시가 흩어져 있다. 그러므로, 여기서 부주의한 사람들이 놀았음에 틀림없다.

이 논증은 "……곳", "여기에" 등 장소의 개념이 중요한 역할을 한다. 따라서 "장소"란 말을 이 논증의 지표(parameter)로 삼는 것이 좋을 듯하다. (앞서의 논증에서는 "시간"이 지표로 사용되었다.) "장소"의 개념을 지표로 하여 논증을 구성하면 다음과 같이 된다.

> 버려진 종이 접시가 흩어져 있는 모든 장소는 부주의한 사람들이 놀던 장소이다.
> 이 장소는 버려진 종이 접시가 흩어져 있는 장소이다.
> ―――――――――――――――――――――――――
> 그러므로, 이 장소는 부주의한 사람들이 놀던 장소이다.

이 논증 역시 AAA-1의 형식을 가지고 있고, 따라서 타당하다.

연 습 문 제

1. 다음 논증을 우선 삼단 논법의 형식으로 구성하고, 개념의 수를 줄여서 표준 형식의 정언 삼단 논법으로 만들어 보시오. 그리고 난 다음 벤 다이어그램이나 규칙을 통해서 타당성을 검사해 보시오.

   (1) 어떤 이해될 수 있는 진술은 참된 진술이다. 왜냐하면 모든 이해될 수 없는 진술은 의미 없는 진술이고, 어떤 거짓된 진술은 의미 있는 진술이기 때문이다.

   (2) 어떤 의도하지 않은 살인은, 자기 방어의 모든 경우가 벌을 받을 수 없는 실수인 한에 있어서, 그리고 어떤 의도하지 않은 살인은 자기 방어의 경우인 한에 있어서, 벌을 받을 수 있는 실수가 아니다.

   (3) 어떤 제안된 화성에로의 비행은 비용이 많이 들지 않는 모험이다. 왜냐하면 승무원 없는 모든 공중 작전은 비용이 많이 들지 않는 모험이고, 어떤 제안된 화성에로의 비행은 승무원 있는 공중 작전이 아니기 때문이다.

   (4) 모든 인화성 물질은 안전한 물질이다. 그러므로 모든 안전하지 않은 물질은 비폭발물이다. 왜냐하면 모든 폭발물은 인화성 물질이기 때문이다.

   (5) 어떤 러시아 스파이는 외교상의 면책 특권이 없는 사람이다. 그래서 체포와 기소에 대해 항의할 수 없는 어떤 사람

들은 러시아 스파이이다. 왜냐하면 외교상의 면책 특권을 가진 어떤 사람도 체포와 기소에 대해 항의할 수 있는 사람이 아니기 때문이다.

2. 다음의 논증을 표준 형식의 정언 삼단 논법으로 바꾸고, 벤 다이어그램이나 규칙을 통해서 그 타당성 여부를 검사하시오.

(1) 스위스를 제외한 모든 유럽 국가들은 유엔의 회원국이다. 그러므로, 불가리아는 스위스와 같은 국가가 아니기 때문에, 불가리아는 회원국이어야 한다.

(2) 김민자 양은 그녀가 원하는 것을 노래 부른다. 그러므로, 김민자 양은 푸치니의 아리아를 부르기 때문에, 그녀는 푸치니의 아리아를 부르기를 원했음에 틀림없다는 결론이 나온다.

(3) 내부 거래자가 증권 시장에서 돈을 버는 유일한 사람이다. 김철수 씨는 1억원을 벌었다. 그리하여 김철수 씨는 내부 거래자였다.

(4) 도덕이란 행위와 감정에 영향을 미치기 때문에, 도덕이 이성으로부터 나올 수 없다는 사실이 귀결된다. 왜냐하면 이미 우리가 증명하였듯이 이성 혼자서는 그러한 영향력을 가질 수 없기 때문이다.

(D. Hume, *A Treatise of Hume Nature*)

(5) 반짝이는 것이 모두 금인 것은 아니다. 왜냐하면 어떤 값싼 금속은 반짝이는데, 금은 값싼 금속이 아니기 때문이다.

(6) 영국 보수당원이 누구이든 군비 증강 비용 지출에 찬성한

다. 마가렛 대처는 확실히 그 일에 찬성한다 그리하여 마가렛 대처는 영국 보수당원임에 틀림없다.

(7) …… 무리수가 엔지니어들의 관심사가 아니라는 사실은 명백하다. 왜냐하면 엔지니어들은 언제나 근사치에만 관심을 가지고 있는데, 모든 근사치에는 유리수이기 때문이다.

(G. H. Hardy, *A Mathematician's Apology*)

(8) 열성 유전자에 의해서 야기되는 질병은 두 세대 자손까지 유전될 수 있다. 그리하여, 방광 섬유 조직 질환은 열성 유전자에 의해서 야기되는 질병이기 때문에, 이 질환은 두 세대 자손까지 유전 될 수 있다.

(9) 자폐성의 어린이들은 때때로 혐오 요법에 의해서 도움을 받는다. 그러나 혐오 요법은 가끔은 비인간적이다. 그리하여 자폐성의 어린이들은 때로는 비인간적인 요법에 의하여 도움을 받는다.

(10) 우리는 ……형이상학적 문장이란 순수 명제를 표현하려고는 하지만, 실은 동어반복도 경험적 가설도 표현하지 않는 그런 문장이라고 정의한다. 그런데 동어반복이나 경험적 가설이 의미있는 명제의 전체를 이루고 있기 때문에, 모든 형이상학적 언명은 의미가 없다고 결론내려도 무방할 것이다.

(A. J. Ayer, *Language, Truth and Logic*)

2. 생략 삼단 논법과 연쇄식

1) 생략 삼단 논법

일상적인 대화, 담화, 연설에 있어서 표준 형식의 정언 삼단 논법을 그대로 사용한다면 도리어 어색한 경우가 많다. 그러므로 일상 생활의 언어적 표현에 있어서는 표준 형식의 정언 삼단 논법을 구성하는 전제 혹은 결론을 생략하는 경우가 많다. 이것을 생략 삼단 논법(enthymeme)이라 한다. 이 말은 원래 en(in)과 thymos (mind)란 말로부터 나온 것으로서 일부를 마음속에 감추어서 추리한다는 뜻이다. 다음의 예를 들어 보자.

법인 소득세는 폐지되어야 한다. 그것은 낭비와 고가(高價)를 조장한다.

누군가에게 귀여움을 받는 동물들은 병원 실험실에 팔아 넘겨져서는 안 된다. 길 잃은 애완 동물을 확실히 누군가에게 귀여움을 받는다.

첫째 삼단 논법은 "낭비와 고가를 조장하는 것은 무엇이든 폐지되어야 마땅하다"가 생략되었고, 둘째 삼단 논법은 "길 잃은 애완 동물은 병원 실험실에 팔아 넘겨져서는 안 된다"가 생략되었다.

경우에 따라서는 단 하나의 진술로만 구성된 생략 삼단 논법도 있다. 이런 경우는 다소 간의 창조적인 변형 작업이 요구된다. 다음의 예를 고려해 보자.

> 이성에 의해서 그들의 권리를 갖지 못하는 국민은 결국 힘에 의해서 그들의 권리를 쟁취할 것이라는 사실을 남아프리카는 기억하는 것이 좋을 것이다.

이 논증에서 함축되어 있는 결론은, 남아프리카의 국민은 결국 힘에 의해서 그들의 권리를 쟁취하리라는 것이고, 함축되어 있는 전제는 남아프리카의 국민은 이성에 의해서 그들의 권리를 갖지 못한다는 것이다. 생략된 진술을 첨가한다면, 다음과 같은 표준 형식의 정언 삼단 논법을 얻을 것이다.

> 국민이 이성에 의해서 그들의 권리를 갖지 못하는 모든 나라는 결국 국민이 힘에 의해서 그들의 권리를 쟁취할 나라이다.
> 남아프리카와 같은 모든 나라는 국민들이 이성에 의해서 그들의 권리를 갖지 못하는 나라이다.
> ---
> 그러므로, 남아프리카와 같은 모든 나라는 결국 국민이 힘에 의해서 그들의 권리를 쟁취할 나라이다.

2) 연쇄식

연쇄식(sorites)이란 중간 단계의 결론들이 빠져버린, 정언 삼단 논법의 연쇄를 말한다. 이 말은 "무더기"를 의미하는 그리스어 "soros"에서 유래했다. 다음의 예를 보자.

> 모든 삽살이는 개이다.
> 모든 개는 포유 동물이다.

어떤 물고기도 포유 동물이 아니다.

그러므로, 어떤 물고기도 삽살이가 아니다.

이 논증에서 앞의 두 전제는 중간 단계의 결론 "모든 삽살이는 포유 동물이다"를 함축하고 있다. 이 중간 단계의 결론을 하나의 전제로서 취급되며, 세 번째 전제와 결합해 있다. 이로써 마지막 결론이 타당하게 이끌려 나온다. 따라서 이 연쇄식은 두 개의 타당한 정언 삼단 논법으로 구성되어 있으며, 결국 타당한 논증이 된다.

연쇄식을 평가할 때 준수해야 할 절차에 대해 간략하게 살펴보자. (1) 연쇄식을 표준 형식으로 만든다. (2) 중간 단계의 결론을 도입한다. (3) 각각의 삼단 논법이 타당한가를 검사한다. 각각의 삼단 논법이 타당하다면, 연쇄식은 타당할 것이다. 예를 들어 보자.

어떤 B도 C가 아니다.
어떤 E는 A이다.
모든 A는 B이다.
모든 D는 C이다.

∴ 어떤 E는 O가 아니다.

연쇄식을 표준 형식으로 만들면, 전제는 다음과 같이 재배열된다.

모든 D는 C이다.
어떤 B도 C가 아니다.
모든 A는 B이다.
어떤 E는 A이다.

어떤 E는 O가 아니다.

다음에, 중간 단계의 결론들이 도출된다. 그리고 타당성 여부가 검사된다.

모든 D는 C이다.
어떤 B도 C가 아니다. (1) ∴ 어떤 B도 D가 아니다.
모든 A는 B이다. → (2) 어떤 A도 D가 아니다.
어떤 E는 A이다. 어떤 E는 D가 아니다.

∴ 어떤 E는 D가 아니다.

벤 다이어그램에 의한 검사 결과, 각 논증은 타당하고, 따라서 연쇄식도 타당하다.

연습문제

1. 다음의 생략 삼단 논법에서 생략된 전제 혹은 결론을 찾아 내어 표준 형식의 정언 삼단 논법으로 만들고, 그 타당성을 검사하시오.

   (1) 기계론적 유물론자들은 자유 의지를 믿지 않는다. 왜냐하면, 그들은 모든 것이 결정론적 법칙에 의해서 지배된다고 생각하기 때문이다.
   (2) 영민이는 용감하다. 그러므로 그는 미인을 가질 자격이 있다.
   (3) 영민이는 오직 돈 버는 데만 관심을 가지고 있다. 그러나 여러분들은 하느님과 돈을 동시에 섬길 수 없다.
   (4) 어린애들에게 언제 조용해야 할지를 알기를 기대할 수 없다. 왜냐하면 어린애들에게는 폭 넓은 사회경험이 없기 때문이다.
   (5) 오늘의 대학생은 내일의 고액 납세자이다. 국회는 우리나라의 미래에 대한 투자로서의 재정상의 도움을 고려하지 않으면 안 된다.

2. 다음의 연쇄식을 표준 형식으로 바꾸고, 타당성 여부를 검사하시오.

   (1) 어떤 T는 K이다.

어떤 K도 N이 아니다.
어떤 V는 Q이다.
모든 T는 C이다.

∴ 어떤 Q는 N이 아니다.

(2) 어떤 B도 C가 아니다.
어떤 D는 C이다.
모든 A는 B이다.

∴ 어떤 D는 A가 아니다.

(3) 어떤 오리도 왈츠를 추지 않는다.
어떤 공무원도 왈츠 춤추기를 거절하지 않는다.
나의 모든 가축은 오리이다.

그러므로, 나의 가축은 공무원이 아니다.

(4) 아기들은 비논리적이다.
악어를 다룰 줄 아는 사람은 누구도 멸시당하지 않는다.
비논리적인 사람은 멸시당한다.

그러므로, 아기들은 악어를 다룰 줄 모른다.

(5) 모든 벌새는 색깔이 알록달록하다.
어떤 큰 새도 벌꿀 위에서 살지 않는다.
벌꿀 위에서 살지 않는 새들은 색깔이 단조롭다.

그러므로, 모든 벌새는 작다.

3. 선언 삼단 논법, 가언 삼단 논법, 딜레마

1) 선언 삼단 논법

하나의 정언 명제를 **단순 명제**라 하고, 여러 개의 단순 명제로 들 구성된 명제를 **복합 명제**라 한다. 삼단 논법에서 우선 고려할 수 있는 복합 명제는 선언 명제(disjunctive proposition)이다. 예컨대 "비가 오거나 눈이 올 것이다"가 선언 명제이다. 이 명제는 "비가 온다"와 "눈이 온다"라는 두 단순 혹은 요소 명제로 구성되어 있다. 이 각각의 요소 명제를 선언지(disjunct)라고 한다. 선언 명제는 두 가지 의미를 가진다. 첫째, 선언 명제는 두 선언지 중에서 하나만 참이고 다른 하나는 반드시 거짓이라고 주장한다. 즉 "p이거나 q이지만, 둘 다는 아니다"고 주장한다. 예컨대 "그는 그 날 그 시간에 살인 현장에 있었거나, 그 현장에서 멀리 떨어져 있는 카페에서 친구와 차를 마시고 있었다"가 이러한 유형의 선언 명제이다. 두 선언지가 결코 동시에 참일 수 없다. 이때 선언 명제는 **배제적 의미**(exclusive meaning)를 가진다. 둘째, 선언 명제를 구성하고 있는 두 선언지 중에서 적어도 하나는 참이라고 주장한다. 이때 두 선언지가 모두 참이라는 것을 배제하지 않는다. 예컨대 "나는 당신에게 반지를 사 주든지 세탁기를 사 주든지 할 것이다"라는 명제는, 반지나 세탁기 중 하나를 사 준다는 의미이면서, 둘 다 사줄 것을 배제하지 않는다. 이런 선언 명제는 **포괄적 의미**(inclusive meaning)를 가진다.

"또는"이란 낱말이 배제적인 의미로 의도되었다는 특별한 시사가 있는 경우를 제외하고는 선언 명제는 포괄적 의미를 가지고 있는 것으로 해석하는 것이 좋을 듯하다. 이런 해석에 근거할 경우 아래의 첫 번째는 타당한 선언 삼단 논법의 예가 될 것이고, 두 번째는 부당한 예가 될 것이다.

예 1) p이거나 q이다.
p가 아니다.
───────
∴ q이다.

p이거나 q이다.
q가 아니다.
───────
∴ p이다.

내일 비가 오거나 눈이 올 것이다.
내일 비가 오지 않을 것이다.
───────
그러므로, 내일 눈이 올 것이다.

예 2) p이거나 q이다.
p이다.
───────
q가 아니다.

p이거나 q이다.
q이다.
───────
p가 아니다.

내일 비가 오거나 눈이 올 것이다.
내일 비가 올 것이다.
───────
그러므로, 내일 눈이 오지 않을 것이다.

2) 가언 삼단 논법

고려해야 될 또 하나의 중요한 복합 명제는 가언 명제(hypothetical proposition)혹은 조건언 명제(conditional proposition)이다. "만약 ……라면, ……이다"의 형식을 가지는데, "만약 ……라면"에 해당되는 요소 명제를 **전건**(antecedent)이라 하고, "……이다"에 해당되는 요소 명제를 **후건**(consequent)이라 한다. 가언 명제가 포함되어 있는 삼단 논법을 가언 삼단 논법이라 하는데, 특히 전제들이 모두 가언 명제인 경우를 **순 가언적 삼단 논법**(pure hypothetical syllogism), 하나의 전제는 가언 명제이고, 다른 하나의 전제는 정언 명제인 경우를 **혼합 가언적 삼단 논법**(mixed hypothetical syllogism)이라 한다. 우선 순 가언적 삼단 논법의 예를 들면 다음과 같다.

만약 p라면, q이다.
만약 q라면, r이다.
―――――――――――
만약 p라면, r이다.

컴퓨터 프로그램이 잘 작성되면, 일은 손쉬워질 것이다.
일이 손쉬워진다면, 경비를 절감할 수 있을 것이다.
――――――――――――――――――――――――――――
그러므로, 컴퓨터 프로그램이 잘 작성되면, 경비를 절감할 수 있을 것이다.

순 가언적 삼단 논법에서는 첫째 전제의 전건과 결론의 전건이 같고, 둘째 전제의 후건과 결론의 후건이 같다. 또한 첫째 전제의 후건과 둘째 전제의 전건이 같다. 혼합 가언적 삼단 논법에는 두 가지 타당한 형식이 있는데, 각각 다른 이름이 부여되어 있다. 제1형식은 첫째 전제의 전건을 둘째 전제가 긍정하고 있고, 결론이 첫째 전제의 후건을 긍정하고 있는데, 이런 형식을 **긍정 논법**(modus pones)이라 한다. 제2형식은 둘째 전제가 첫째 전제의 후건을 부정하고 있고, 결론이 첫째 전제의 전건을 부정하고 있는

데, 이런 형식을 부정 논법(modus tollens)이라 한다. 다음은 각각의 예이다.

긍정 논법 : 의사가 솜씨가 좋다면, 환자가 고통을 덜 것이다.
의사의 솜씨가 좋다.
―――――――――――――――
그러므로, 환자가 고통을 덜 것이다.

부정 논법 : 그가 가난하다면, 그는 구호품을 받을 것이다.
그는 구호품을 받지 못할 것이다.
―――――――――――――――
그러므로, 그는 가난하지 않다.

혼합 가언적 삼단 논법에는 두 가지 오류가 있다. 하는 둘째 전제가 첫째 전제의 전건을 부정하고, 결론이 첫째 전제의 후건을 부정하는 것인데, 이것을 전건 부정의 오류(fallacy of denying the antecedent)라고 한다. 또 하나는 둘째 전제가 첫째 전제의 후건을 긍정하고, 결론이 첫째 전제의 전건을 긍정하는 것인데, 이것을 후건 긍정의 오류(fallacy of affirming the consequent)라고 한다. 이하는 각각의 예이다.

전건 부정의 오류 :
소총이 고장이 났다면, 그는 과녁을 명중시킬 수 없을 것이다.
소총은 고장나지 않았다.
―――――――――――――――
그러므로, 그는 과녁을 명중시킬 수 있을 것이다.

후건 부정의 오류 :
이광수가 《햄리트》를 썼다면, 이광수는 위대한 작가이다.
이광수는 위대한 작가이다.
―――――――――――――――
그러므로, 이광수는 《햄리트》를 썼다.

3) 딜레마

첫 번째 전제가 두 개의 가언 명제로 구성되어 있으며, 두 번째 전제가 선언 명제로 구성되어 있는 삼단 논법을 딜레마(dilemma) 혹은 양도 논법(兩刀論法)이라고 한다. "dilemma"라는 말은 원래 그리스어에서 유래한 것으로, "di"는 둘(two)을, "lemma"는 가정(assumption)을 의미하는 것으로서, 합해서 두 가지 가정을 뜻한다. 이론적으로는 첫 번째 전제가 셋, 넷, 다섯의 선언지를 가지는 논증도 가능하다. 이럴 경우, 이들 각각을 삼도 논법(trilemma), 사도 논법(tetralemma), 다도 논법(polylemma)이라고 한다. 그러나 실제로 사용되고 있는 것은 양도 논법뿐이며, 다른 것은 형식상 이론적으로만 성립할 것이다. 딜레마에는 다음과 같은 네 가지 형식이 있다.

단순 구성적 딜레마(simple constructive dilemma) :
만약 p라면, q이다. 만약 r이라면 q이다.
q이거나 r이다.
∴ q이다.

만약 피고인이 낮은 금액으로 생계를 유지한다면, 그의 지출이 그가 부자임을 증명한다.
그는 낮은 금액으로 생계를 유지하거나, 큰 지출을 유지하거나이다.
그러므로, 그는 부자이다.(따라서 왕에게 많은 돈을 바쳐야 한다.)—이 딜레마는 헨리 2세의 악명 높은 신하였던 엠프슨이 그의 제물이 된 사람에게 국고에 많은 재물을 바치도록 협박하면서 구성한 "엠프슨의 포크"라 불리는 딜레마이다.

단순 파괴적 딜레마(simple destructive dilemma) :
만약 p이면 q이다. 만약 p라면, r이다.
q가 아니거나, r이 아니다.

∴ p가 아니다.

만약 그가 졸업한다면, 필요한 학점을 이수했을 것이다.
만약 그가 졸업한다면, 논문이 통과되었을 것이다.
그는 필요한 학점을 이수하지 못했거나, 논문 통과가 이루어지지 않았을 것이다.

그러므로, 그는 졸업하지 못할 것이다.

복합 구성적 딜레마(complex constructive dilemma) :
만약 p라면, q이다. 만약 r이라면, s이다.
p이거나 r이다.

∴ q이거나 s이다.

진격을 감행한다면, 사상자가 많이 날 것이다.
후퇴를 한다면, 시민의 재산 피해가 많을 것이다.
진격을 감행하거나 후퇴를 하거나이다.

그러므로, 사상자가 많이 나거나 재산의 피해가 많거나이다.

복합 파괴적 딜레마(complex destructive dilemma) :
만약 p라면, q이다. 만약 r이라면, s이다.
q가 아니거나, s가 아니다.

∴p가 아니거나 r이 아니다.

그가 영리하다면, 잘못을 깨달을 것이다.
그가 정직하다면, 잘못을 인정할 것이다.

그는 잘못을 깨닫지 않거나, 잘못을 인정하지 않을 것이다.

그러므로, 그는 영리하지 않거나 정직하지 않다.

딜레마는 그 구조가 복잡하기 때문에 내용상 오류를 범하기 쉬울 뿐만 아니라, 그 오류를 쉽게 발견해 내기도 힘들다. 그러므로 고대로부터 여러 궤변가들이 이 논법을 많이 이용했다. 이러한 잘못된 딜레마의 결론을 회피하는 여러 가지 방법이 있다.

(1) 뿔 사이로 피하는 방법(escape between the horns) : 딜레마의 둘째 전제의 선언지를 비유적으로 "뿔"이라고 한다. 이 방법은 선언 명제의 양 선언지가 명백하게 모순 관계가 아니라면, 그 선언 명제는 거짓일 수 있다는 점을 보여주는 방법이다. 예컨대 다음의 딜레마를 검토해 보자.

만약 학생들이 공부하기를 좋아한다면, 그들에게는 장학 제도가 필요 없을 것이요, 그들이 공부하기를 싫어한다면 장학 제도는 별로 소용이 없을 것이다. 그런데 학생들은 공부하기를 좋아하거나 싫어할 것이다. 그러므로, 장학 제도는 필요 없거나 소용없을 것이다.

이 논증은 선언지가 불충분하다. 왜냐하면 어떤 학생들은 공부를 싫어할 것이고, 어떤 학생들은 공부를 좋아할 것이지만, 아마 대개의 학생들은 공부에 대해 그저 그런 태도를 보일 것이다. 그런 상당수의 학생들에게는 장학 제도가 필요하기도 하고, 유용하기도 하다.

(2) 뿔로 잡는 방법(take the dilemma by the horns) : 선언지가 그 가능성을 총망라했을 때는 뿔 사이로 피하는 것은 불가능하다. 이때는 뿔로 잡는 방법이 사용될 수 있다. 이 방법을 사용하기 위해서는 두 가언 명제 중 적어도 하나는 거짓이라는 사실을 보여주어야 한다. 즉 전건과 후선 사이에 내용상 긴밀한 관계가 없음을 지적하여 결론을 회피한다. 다음의 예를 살펴보기로 한다.

> 여인들의 화장이 진실을 감추기 위한 화장이라면, 그 화장은 부도덕하다. 또 남자의 환심을 사기 위한 화장이라면, 이것 역시 부도덕하다. 그런데 여인들의 화장이란 진실을 감추기 위한 것이든가, 남자의 환심을 사기 위한 것이다. 그러므로, 여인들의 화장은 어떤 경우든 부도덕하다.

이 논증의 가언 명제에서 과연 전건과 후건이 긴밀한 연결 관계가 유지되고 있는지를 검토해 보자. 첫째 가언 명제에서는 "진실을 감추는 것"이 부도덕하다고 하였는데, 만일 그렇게 함으로써 아무에게도 해를 끼치지 않고, 오히려 그렇게 하여 불필요한 불쾌감을 없애주거나 타인의 기분을 명랑하게 한다면, 그것이 반드시 부도덕한 것은 아닐 것이다. 또한 남자의 환심을 사기 위한 것이라도 그 남자가 자기 남편이나 애인인 경우에는 하등 부도덕할 이유가 없다. 이렇게 하여 이 논증은 뿔로 잡히게 된다.

(3) 반대 딜레마로 되치기(rebutting a dilemma by a counter dilemma) : 이 방법은 주어진 딜레마에 반대되는 딜레마를 구성하여 원래의 딜레마를 되받아치는 방법이다. 이를 위해서는 가언

명제의 두 후건은 서로 자리바꿈을 해야 하며, 이 자리 바꿈된 후건의 성질도 변해야 한다. 앞서 예를 들었던 "엠프슨의 포크"를 반대 딜레마로 되친 경우를 보기로 한다.

> 만약 피고인이 낮은 금액으로 살아간다면, 그의 절약이 가난의 증가이다.
> 만약 피고인이 큰 지출을 유지하고 있다면, 이 때문에 그는 가난해지지 않을 수 없다.
> 그는 낮은 금액으로 살아가거나 큰 지출을 유지하거나이다.
> ―――――――――――――――――――――――――――――
> 그러므로, 어쨌든 그는 가난하다. 따라서 왕에게 많은 돈을 바칠 수 없다.

연습문제

1. 다음 논증을 분석하고, 그 타당성을 검토하시오.

(1) 김영철씨는 회사원이거나 공무원이다. 김영철씨는 회사원이 아니다. 그러므로, 김영철씨는 공무원이다.
(2) 이광수는 《무정》과 《우리들의 일그러진 영웅》둘 다를 쓰지는 않았다. 그는 《우리들의 일그러진 영웅》을 쓰지 않았다. 그러므로, 그가 《무정》을 썼음에 틀림 없다.
(3) 박쥐는 포유 동물이다. 그러므로, 박쥐가 조류가 아니라는 것은 사실이 아니다.
(4) 그녀는 그의 비서이거나 부인이다. 그녀는 그의 비서이다. 그러므로, 그는 그의 부인이 아니다.
(5) 만약 사람들이 진보할 수 없다면, 그들은 짐승과 다를 바가 없다. 그러나 사람들은 짐승과는 다르다. 그러므로, 그들은 진보할 수 있다.
(6) 그가 몇 분만 일찍 집을 나섰더라면, 그는 틀림없이 기차를 놓치지 않았을 것이다. 그러나 그는 우물쭈물했기 때문에 기차를 놓쳤음에 틀림없다.
(7) 만약 일행 중에 전문 도박꾼이 있다면 우리는 노름을 해서는 안 된다. 그러나 현재 전문 도박꾼은 없다. 따라서 도박하는 것은 합법적이다.
(8) 어떤 사물이 스스로의 작용인(efficient cause)이라는 것이

알려진 경우는 없다(사실 그것은 가능하지 않다). 왜냐하면 만일 그렇다면 그것은 자기 자신보다 앞서서 존재해야 하는데 그것은 불가능한 일이기 때문이다.

(Thomas Aquinas, *Summa Theologica*, I, Question 2, Article 3)

(9) 그리고 만일 그의 본질과 힘이 무한하다면, 그의 선도 무한해야 한다. 왜냐하면 본질이 유한한 것은 유한한 선밖에 가질 수 없기 때문이다.

(Roger Bacon, *The Opus Majus*)

(10) 죄수는 대단히 신경질적이었다. 우리는 만약 그가 범행을 저질렀다면, 그런 방식으로 행동했을 것이라는 사실을 안다. 그래서 우리는 그가 범행을 저질렀음에 틀림없다고 하는 사실을 안다.

2. 다음 논증을 분석해 보고, 논리적인 오류에 관해 논해 보시오.

(1) 만일 네가 옳은 말을 하면 사람들이 너를 싫어할 것이다. 또 만일 네가 옳지 않은 말을 하면 신들이 너를 싫어할 것이다. 그런데 너는 옳은 말을 하든가 옳지 않은 말을 하든 둘 중의 하나이다. 그러므로, 너는 증오를 받을 수밖에 없다.

(2) 만약 우리가 잘못되고 해로운 교설의 발표를 방해한다면, 우리는 다른 사람의 자유를 억압하는 잘못을 범할 것이다. 반면에 그러한 이론의 공표를 방해하지 않는다면, 우리는 우리의 자유를 상실하는 모험을 하게 된다. 우리는 잘못되

고도 해로운 이론의 발표를 방해하거나 하지 않거나이다. 그러므로, 우리는 다른 사람의 자유를 억압하는 잘못을 범해야 하거나 그렇지 안다면 우리의 자유를 상실하는 위험을 감수해야 한다.

(3) 만일 그가 이 재판에서 진다면 그는(법정의 판결에 따라서) 나에게 수강료를 내야 한다. 또 만일 그가 재판에서 이긴다면 그는(계약의 조건에 따라서) 나에게 수강료를 내야 한다. 그는 재판에서 이기거나 질 것이다. 그러므로, 그는 나에게 수강료를 지불해야 한다.

(4) 연역 논증의 결론이 전제를 넘어서면, 그 논증은 타당하지 않다. 반면에 연역 논증의 결론이 전제를 넘어서지 않는다면, 그 논증은 새로운 아무 것도 가르쳐주는 바가 없다. 연역 논증의 결론은 전제를 넘어서거나 넘어서지 않거나이다. 그러므로, 연역 논증은 타당하지 않거나 새로운 아무 것도 가르쳐주는 바가 없다.

(5) 사람들이 선하다면 법은 나쁜 행위를 막는 데 필요가 없을 것이요, 반면에 사람들이 악하다면 법은 나쁜 행위를 막는 데 성공하지 못할 것이다. 사람들은 선하거나 악하거나이다. 그러므로, 법은 나쁜 행위를 막는 데 필요가 없거나 성공하지 못할 것이다.

(6) 모든 정치적 행위는 보존을 목표로 하거나 변화를 목표로 한다. 보존을 요구할 때 우리는 좀더 나쁜 것에로 변화되지 않기를 바란다. 변화를 원할 때 우리는 그 무언가가 개선되기를 원한다. 따라서 모든 정치적 행위는 좀더 좋은 것과

좀더 나쁜 것에 대한 몇 가지 생각에 의해서 수행된다.

(7) 남자가 독신이라면 그를 돌보아 줄 사람이 없기 때문에 그는 불행하다. 만약 그가 결혼했다면 처자를 돌보아야 하기 때문에 그는 불행하다. 그는 어차피 결혼은 해야 하거나 독신으로 지내야 하기 때문에, 그는 고통으로부터 탈출할 도리가 없다.

(8) 세금이 늘어난다면, 경제가 고통을 당할 것이고, 세금이 줄어든다면, 필요한 정부의 사업이 감소할 것이다. 세금은 늘어나거나 줄어들거나이기 때문에, 경제는 고통을 당할 것이거나, 필요한 정부의 사업이 감소할 것이라는 귀결이 뒤따른다.

(9) 우리가 경쟁을 한다면, 평화가 없을 것이요, 경쟁을 하지 않는다면, 발전이 없을 것이다. 우리는 경쟁을 해야 하거나 경쟁을 하지 않거나 둘 중 하나이기 때문에, 평화가 없거나 발전이 없거나 둘 중 하나가 될 것이다.

(10) 미영이가 밤새워 공부를 한다면, 그녀는 페스티발에 가지 못할 것이다. 미영이가 밤새워 공부를 하지 않는다면, 그녀는 내일 있을 시험에 낙제할 것이다. 미영이는 밤새워 공부를 하거나 그렇게 하지 않을 것이다. 그러므로 그녀는 페스티발에 가지 못할 것이거나 내일 있을 시험에 낙제할 것이다.

제 3 부
귀 납

철학 체계에 대한 논의에서 철학자들 거의 모두가 동의하는 체계에 도달하는 일은 거의 가능하지 않다. 반면에, 연역 논리에서, 특히 기호 논리 분야에서 대다수의 논리학자들이 동의하는 체계에 도달하는 일은 가능하다. 이와는 달리 귀납 논리는 거의 모든 논리학자들이 동의하는 일치된 체계를 결코 제시하지 못한다. 거의 일치된 견해에 이르지 못하는 다양하고 서로 독립된 사유 영역이 귀납 논리에서 공존하고 있다고 보는 것이 좋을 듯하다. 본 저서는 기본적으로 서로 독립되어 있는 다음의 세 영역을 다룰 것이다. 첫째, 귀납적 일반화와 유비추리. 둘째, 인과적 추리, 혹은 밀의 방법. 셋째, 과학적 방법. 이 세 영역에 관한 서술은 큰 연관성을 가지지 않기 때문에, 순서에 상관없이 읽어도 무방하다.

제 8 장
귀납적 일반화와 유비 추리

1. 귀납적 일반화
2. 유비 추리

제 8 장

귀납적 일반화와 유비 추리

1. 귀납적 일반화

특수한 예들에 관한 전제로부터 혹은 어떤 종류의 모든 검토된 경우로부터 보편적인 혹은 모든 경우에 관한 결론을 이끌어 내는 추론을 보편적 귀납적 일반화(universal inductive generalization)라고 한다. 다음의 예를 살펴보기로 한다.

> 상자 속에 사과가 가득 들어 있다고 가정하자. 그 사과들이 어떤 등급인가를 알아보기 위하여 위에서, 중간에서, 아래에서 추출한 사과를 검토해 본다. 표본 조사한 사과는 모두 1 등급이었다. 그리고 난 다음 우리는 상자 속에 들어 있는 사과가 모두 1등급이라고 결론 내린다.

위의 논증은 다음처럼 정식화될 수 있다.

표본으로서 관찰된 모든 사과는 1 등급이다.
그러므로, 그 상자 속의 모든 사과는 1 등급이다.

이 논증은 어떤 종류의 검토된 모든 경우로부터 모든 경우에 관한 결론을 이끌어 내고 있다.

보편적 귀납적 일반화는 예컨대 다음과 같은 형식을 가지기도 한다.

토끼 가는 희다.
토끼 나는 희다.
토끼 다는 희다.
토끼 라는 희다.
:
어떤 토끼도 희지 않다는 것이 발견된 적이 없다.

그러므로, 모든 토끼는 희다.

모든 귀납적 일반화가 보편적 형식을 갖는 것은 아니다. 통계적 형식의 명제가 결론이 되는 귀납적 일반화도 있다. 예컨대 결론이 "어떤 비율의 F가 G이다"의 형식으로 진술될 수도 있다. 이런 귀납적 일반화를 통계적 귀납적 일반화(statistical inductive generalization)라 한다. 예를 들어 보기로 한다.

어떤 가위 공장에서 생산되는 가위 중 불량품이 어느 정도가 나오는가를 조사해 보았다. 어느 날 만들어진 모든 가위를 조사해 본 결과, 2%의 가위가 결함이 있다는 것이 발견되었다. 이 정보를 근거로 하여 공장장은 이 공장에서 생산되는 모든 가위 중 2%가 불량품이라고 결론내렸다.

위의 논증은 다음처럼 정식화될 수 있다.

표본으로 관찰된 가위 중 2%가 불량품이다.
그러므로, 이 공장의 가위 중 2%가 불량품이다.

통계적 추리에서 고려해야 할 점은 표본의 예들이 모(母)집단의 대표적인 표본인가 아닌가 하는 점이다. 표본이 대표적이 아닐 때 **편향적**(biased)이라고 말한다. 표본이 편향정인지 어떤지를 알아보기 위하여 다음의 점들이 고려되어야 한다. 첫째, 표본이 무작위적으로 추출되었는지 어떤지, 둘째, 표본의 크기, 셋째, 심리학적인 요인.

표본이 **무작위적**이라고 하는 것은 모집단의 모든 원소들이 추출될 기회를 꼭 같이 갖는 것을 말한다. 예컨대, 어떤 프로 축구 경기를 관람하기 위해 경기장에 모인 사람들을 상대로 "당신은 어떤 스포츠카를 가장 좋아하십니까?"라는 설문지를 돌리고, 조사 결과 축구를 좋아하는 사람이 90%가 된다는 정보를 근거로 하여 "우리나라 사람들이 가장 좋아하는 스포츠는 축구다"고 결론 내린다면, 이것은 극단적인 편향 통계의 예가 될 것이다. 여론 조사 과정에서 조사 장소, 조사 방법 등이 고려되는 것은 이 때문이다.

편향된 여론 조사의 고전적인 예는 1936년 미국의 잡지 《리터러리 다이제스트》(Literary Digest)가 대통령 선거에 앞서 실시한 예비 선거 여론 조사였다. 선거인들에게 약 1,000만 장의 투표

용지가 배부되었는데, 그 중 230만장이 되돌아왔다. 여론 조사 결과 공화당의 란든 후보가 승리할 것이라고 예언되었다. 그러나 결과적으로는 민주당의 루즈벨트 후보가 승리하였다. 여론 조사가 빗나갔던 것이다. 막대한 비용을 들인 여론 조사가 빗나갔기 때문에, 이 잡지사는 문을 닫게 되었다. 무엇이 잘못되었는가? 여론 조사 대상자의 이름이 주로 전화 가입자와 자동차 등록 명부에서 취해졌다는 것이 문제였다. 이 조사는 경제적 부(富)라는 측면에서의 다양한 계층의 여론을 반영하지 못했던 것이다. 또한 1936년에 있었던 대공황의 와중에서 생활이 넉넉하지 못한 사람들은 전화나 우편을 통해 이 잡지사에 자신들의 견해를 보낼 처지에 있지 못했다. 이런 사람들의 여론이 조사에서 간과된 것이 문제였다.

여론의 **크기** 또한 어떤 표본이 대표적인가 어떤가를 결정하는 중요한 요인 중의 하나가 된다. 표본이 무작위적으로 선택되었을 경우 표본이 크면 클수록 그 표본은 모집단을 훨씬 정확하게 반영한다. 통계에서 정확성의 정도는 **표본 추출 오차**(sampling error)에 의해 표현된다. 표본 추출 오차란 어떤 특징이 그 표본에서 나타나는 빈도(frequency)와 동일한 특징이 모집단에서 나타나는 빈도 사이의 차이를 말한다. 예컨대 어느 지구당 국회의원 선거에 대한 여론 조사에서 갑 후보에 대한 지지도가 50%였는데, 실제로, 40%의 유권자만이 갑에 대해 투표했다면, 표본 추출 오차는 10%가 되는 셈이다. 표본이 크면 클수록 오차는 줄어든다.

표본의 크기는 모집단의 크기 및 허용될 수 있는 표본 추출 오차의 정도와 함수 관계에 있다. 예컨대 같은 수의 표본일 경우, 모집단의 수가 100일 때보다도 모집단의 수가 10,000일 때, 표본 추출 오차가 훨씬 커진다. 따라서 같은 표본 추출 오차를 유지하고자 한다면, 후자의 경우에 훨씬 많은 표본이 요구된다. 그러나 이 비율은 직선적으로 움직이지 않는다. 즉 위의 경우에 동일한 오차를 내기 위해서 후자의 표본이 전자의 표본보다 100배 클 필요는 없다. 모집단이 매우 클 경우, 일정한 표본 추출 오차를 보장해주기 위해 필요한 표본의 크기는 거의 동일한 수준을 유지한다. 예컨대 모집단이 100,000인 경우든지 100,000,000인 경우든지 관계없이, 동일한 크기의 표본이 동일한 표본 추출 오차를 나타낸다. 모집단이 클 경우 표본의 크기에 따라서 다음과 같은 표본 추출 오차가 나타난다.

표본의 크기	오차(백분율)
4,000	± 2
1,500	± 3
1,000	± 4
750	± 4
600	± 5
400	± 6
200	± 8
100	±11

앞에서 보았던 것처럼 《리터러리 다이제스트》의 여론 조사에서 조사에 응했던 사람이 230만이나 되었다. 그러나 오차는 컸다. 따라서 표본의 크기에서 문제점이 있었던 것은 아니다. 그러면 무엇 때문에 오차가 그렇게 컸던가? 이미 지적한 것처럼 표본이 무작위적으로 추출되지 않았기 때문이다.

셋째로, 심리학적인 요인(psychological factor)이 표본의 대표성과 관계있다. 모집단이 사람과 연관되어 있을 때 심리학적인 요인이 크게 작용한다. 만약 표본의 대상이 되고 있는 사람이 자신들의 대답에 의해서 무언가 이익이 되든가 손해가 된다고 생각하면, 그들이 생각한 손, 이익이 그 결과에 영향을 미칠 것이다. 예컨대 어떤 대학의 학생회가 구내식당 주인 혹은 학교 당국에 압력을 가할 목적으로 30% 인상된 구내식당의 식대 인상에 대해 학생들의 여론을 조사했다고 하자. 학생들은 학생회 측의 의도를 쉽게 간파할 것이고, 따라서 대부분의 학생들이 식대 인상에 대해 반대하는 반응을 보일 것이라는 점이 쉽게 예상 될 수 있을 것이다.

또한 다음과 같은 질문은 심리학적 연관성을 가진다. "하루에 얼마나 자주 칫솔질을 하는가?", "1년에 몇 권이나 책을 읽는가?", "당신의 성생활은 만족스러운가?" "당신은 이 전쟁에 대해 찬성하는가?" 등등의 질문은 명백하게 심리학적 연관성을 가진다. 따라서 공정한 대답을 얻어낼 수 없을 것이다.

2. 유비 추리

특수한 예에 관한 전제로부터 다른 특수한 예에 관한 결론을 추리하는 것을 유비 추리(analogy)라고 한다. 유비 추리는 두 유형의 대상들을 비교하는 데 근거를 두고 있다. 혹은 여러 대상들을 비교하는 데 근거를 두고 있다. 예컨대, 어떤 교수가 지난 학기에 학점이 후했다는 사실에 근거해서, 이번 학기에도 그 교수가 학점을 후하게 줄 것이라고 추리할 때, 유비 추리가 된다.

이 논증은 다음과 같이 정식화 될 수 있다.

X 유형의 대상들은 a, b 등의 성질을 가지고 있다.
Y 유형의 대상들은 a, b 등의 성질을 가지고 있다.
X 유형의 대상들은 c 의 성질을 가지고 있다.
그러므로, Y 유형의 대상들은 c 의 성질을 가지고 있다.

혹은 다음처럼 정식화될 수도 있다.

X_1은 a, b, c 의 성질을 가진다.
X_2는 a, b, c 의 성질을 가진다.
X_3는 a, b, c 의 성질을 가진다.
X_4는 a, b, c 의 성질을 가진다.
X_5는 a, b 의 성질을 가진다.
그러므로, X_5는 c의 성질을 가진다.

유비 추리는 강할 수도 있고 약할 수도 있다. 유비 추리의 강도는 비교되는 두 유형 혹은 비교되는 대상들 사이의 유사성에 관련되어 있다. 대상들 사이에 관련된 유사성은 어느 정도 큰가? 유사성이 크면 클수록 유비 추리는 강한 논증이 된다. 대상들 사이에 관련되는 차이성이 어느 정도 큰가? 차이성이 크면 클수록 유비 추리는 약한 논증이 된다. 예컨대 다음과 같은 논증을 고찰해 보자.

우리들은 태양계에서 많은 혹성들이 태양 주위를 돌고 있다는 것을 발견한다. 또한 동일한 구조가 원자에서도 발견된다. 이것이 자연의 이치이다. 따라서 가장 자연스러운 정부 형태는 한 사람이 통치하고, 대중은 이 사람의 통치에 복종하는 정부 형태이다.

이 논증을 제시한 사람은 자연의 구조와 인간 사회의 구조의 비교에서 유사점보다는 차이점이 많음을 간과하고 있다. 따라서 위의 유비 추리는 그렇게 훌륭하지 못하다.

연습문제

1. 다음은 통계적 귀납 논증이다. 이들 논증을 가지고 있는 편향성을 지적하시오.

(1) 어떤 호수의 조류(藻類) 함유량을 검사하기 위해서, 생물학자는 그 호수의 한쪽 끝에 있는 물을 표본으로 채취했다. 그 표본으로 추출된 물 안에 있는 조류는 리터 당 5마이크로그램을 기록했다. 그러므로, 그때 그 호수에 있는 조류는 리터당 5마이크로그램을 기록했다.

(2) 600명의 무작위적 유권자 표본이 총선이 있기 전날 밤에 취해졌다. 그 표본 중 민주당에 투표하기로 마음먹은 사람들이 51%였고, 민자당에 투표하기로 마음먹은 사람들이 49%였다. 그러므로, 아마도 민주당이 승리할 것이다.

(3) 지난 학기에 H 교수의 논리학 강좌에 수강 신청했던 학생 중 40%가 A학점을 받았다. 그러므로, 이번 학기에 H 교수가 강의하는 논리학 강좌에 수강 신청하는 학생 중 40%가 A학점을 받을 것이다.

(4) A회사에서 생산되는 치약 제품들에 대한 조사에서 무작위적으로 표본 추출된 치과 의사의 65%가 다른 치약 제품보다도

그 제품을 선호했다. 분명히 A회사의 제품은 대부분은 치과 의사가 선호하는 제품이다.

(5) 김씨는 친구인 박씨로부터 A 자동차 회사의 차에 대해서 형편없는 차란 말을 들었다. 그래서 김씨는 이번 자동차 구매에서 A 자동차 회사의 차는 고려에 넣지 않았다.

2. 다음은 유비 추리를 포함하고 있는 논증이다. 다음의 유비 추리가 어느 정도 강한 추리라고 생각되는지를 진술하고, 그 진술에 대해 설명하시오.

(1) 다른 사람과의 전쟁 상태를 시작하고, 부당하게 다른 사람의 권리를 침해하는 침략자가 그러한 부당한 전쟁에 의해서 결코 피정복자에 군림하는 권리를 가질 수 없다는 사실은 강도와 해적이 충분히 제어할 힘을 가지고 있는 사람에게 군림하는 제왕의 권리를 가진다고 생각하지 않을, 혹은 비합법적인 힘이 무리하게 해석한 약속에 의해서 사람들이 제한을 받는다고 생각하지 않을 모든 사람들의 동의를 쉽게 받을 것이다. 강도가 나의 집에 침입해서 나의 목에다 칼을 들이대고는 나이 재산을 자신에게 양도하는 인장 증서를 만들도록 한다면, 이러한 사실은 그에게 무언가 재산 소유권을 부여할 것인가? 나를 복종하도록 강제한 부당한 정복자는 단지 칼의 재산 소유권만을 가진다.

(J. Locke, *Of Civil Government*)

(2) 캔디드는 다음처럼 말했다. "당신은 사람들이, 오늘날 그렇게 하는 것처럼, 항상 서로서로를 대향 학살해 왔다고, 그들이 거짓되었고, 기만적이고, 무신앙적이었고, 배은망덕이었고, 도둑질을 해왔고, 약해 빠졌고, 변덕스러웠고, 비열했었고, 살벌했었고, 중상모략적이었고, 방탕했었고, 환상적이었고, 위선적이었으며, 우둔했었다고 생각합니까?"
마르틴은 다음처럼 말했다. "당신은 매가 비둘기를 발견할 수 있을 때, 그 비둘기를 항상 먹어치워 왔다고 생각합니까?"
캔디드는 말했다. "물론 나는 그렇게 생각합니다."
마르틴은 말했다. "글쎄. 매가 항상 동일한 성격을 가졌다고 한다면, 당신은 어째서 사람들이 자신을 바꾸어 왔었다고 생각합니까?"

(Voltaire, *Candide*)

(3) 누군가가 마취제 없이 이빨을 뽑은 적이 있다고 나에게 말하고, 내가 동정을 표한다고 가정해 보라. 그런 다음 "당신은 어떻게 그런 일이 그를 아프게 하는지를 압니까?"라는 질문을 받았다고 가정해 보라. 나는 다음처럼 합리적으로 대답할 수도 있다. "글쎄, 그런 일이 나를 아프게 할 것이라는 사실을 나는 압니다. 나는 치과에 간 적이 있었고, 마취제 없이 치통을 멈추게 하는 것이 얼마나 고통스러운지를 압니다. 그는 내가 가지고 있는 것과 같은 종류의 신경 체제를 가지고 있습니다. 그러므로 나는 이런 조건에서라면 내가 그랬던 것

처럼 그가 상당한 통증을 느꼈으리라고 추리합니다."
(A.J.Ayer, "One's Knowledge of Other Minds", *Theorea,* 1953)

(4) 만약 당신이 커다란 다이아몬드를 작은 조각들로 자른다면, 그 다이아몬드는 전체로서 가지는 가치를 완전히 잃어버린다. 군대가 병사들의 작은 조직으로 나누어진다면, 그 강한 힘을 잃어버린다. 그래서 위대한 지성이 방해를 받고 교란을 받으며, 그 지성의 관심이 수중에 있는 문제로부터 벗어나자마자, 그 지성은 보통 지성의 수준에로 내려앉는다. 왜냐하면 그 지성의 우수성은 집중력—그 지성의 강점을 완전히 한 주제에 관련되도록 하는 능력에 의존하기 때문이다. 이는 마치 오목 거울이 그 거울에 부딪히는 모든 광선을 한 점에 모으는 것과 같다.

(A. Schopenhauer, "On Noise")

(5) 무심한 관찰자에게는 돌고래와 상어는 다 같이 일종의 어류이다. 이들은 유선형이고, 헤엄을 잘 치며, 바다에 산다. 이들 동물을 좀 더 밀도 있게 검사하는 동물학자가 볼 때는 상어는 아가미, 찬 피, 비늘을 가지고 있다. 돌고래는 폐, 더운 피, 털을 가지고 있다. 돌고래는 근본적으로는 상어보다 인간과 더 닮았다. 그리고 인간과 함께 포유 동물—어릴 때 젖을 먹는 부류에 속한다. 돌고래는 포유 동물이란 결정이 났기 때문에, 동물학자는 더 이상의 자세한 검사 없이 그 동물은 네 심실의 심장, 특수한 유형의 뼈, 어떤 일반적 모형의 신경

과 혈관을 가질 것이라고 예측할 수 있다. 현미경을 사용하지 않고서도 동물학자는 합리적인 확신을 가지고서 돌고래이피 속에 있는 적혈구는 세포핵을 가지고 있지 않을 것이라고 말할 수 있다. 동물 구조에 관해 일반화하는 이런 능력은 동물에 관한 거대한 양의 지식을 조직화하는 체계에 의존한다.

(R. Buchsbaum, *Animals Without Backbones*)

제9장
인과적 추리

1. "원인"의 애매성
2. 밀의 방법

제 9 장

인과적 추리

1. "원인"의 애매성

인과적 결합에 대한 지식을 가질 때, 우리는 주변 환경을 통제할 수 있는 힘을 가지게 된다. 어떤 병의 원인을 찾고자 하는 의사들의 집요한 노력은 보다 효과적인 치료 방법을 찾기 위한 일환으로서 이루어진다. 병을 일으키는 원인을 찾아낼 때, 그와 같은 일은 보다 효과적인 치료를 가능하게 할 뿐만 아니라, 병 그 자체의 발병을 불가능하도록 만들 수도 있다. 우리들은 일상 생활에서 일어날 수 있는 화재의 다양한 원인에 대한 지식을 통해서 화재 발생에 근본적으로 대처할 수 있다. 최근 서해안에서 발생했던 우리나라 최대의 해양 참사 사고인 카훼리오 침몰 사건에서 엄청난 노력을 기울여 선체 인양 작업을 벌이는 것도, 침몰이 원인을 알아내고 새로 일어날 수도 있는 해양 사고에 대처하기 위해서이다.

"원인"이라 낱말은 일상적인 사용에서 애매성(ambiguity)을 가지고 있다. 예컨대 물을 뿌리는 것은 식물의 성장의 원인이 될 것이다. 그러나 물만으로 식물의 성장이 이루어지는 것은 아니다. 햇빛과 적절한 온도가 식물의 성장에 함께 요구된다. 다른 한편 심장에 총알이 꿰뚫는 것은 죽음의 원인일 것이다. 이때 죽음을 위해서 다른 조건이 요구되는 것은 아니다. 총알이 심장을 꿰뚫는 것만으로 죽음이란 사건이 발생할 것이다.

"원인"이란 낱말이 가지는 애매성을 제거하기 위해서 필요조건과 충분조건이란 개념을 사용하는 것이 편리하다. 심장에 총알이 꿰뚫는 것은 죽음의 원인이라고 할 때, 이때 "원인"은 **충분 조건**(sufficient condition)을 의미한다. 심장에 총알이 꿰뚫는 것 말고, 그 정도로 효과적인 죽음의 충분조건이 있을 수 있다. 예컨대, 강한 독극성 주입, 높은 전압에 신체가 닿는 것 등도 죽음의 충분조건이 된다. 다른 한편 구름이 나타나는 것은 비의 원인이다. 이때 "원인"은 **필요 조건**(necessary condition)을 의미한다. 구름 없이는 비가 올 수 없지만, 비만으로 충분한 것은 아니다. 기압이라든가 온도라든가 기타 다른 여러 조건이 결합해야만 비가 오게 된다. 때로는 "원인"은 **필요 충분 조건**(necessary and sufficient condition)을 의미하기도 한다. 예컨대, 전압의 증가는 전기 흐름의 증가의 원인이다. 전기 흐름이 저항 회로를 통해서 증가하기 위해서 전압의 증가 이상의 것도, 이하의 것도 요구되지 않는다. 이때 전압의 정가는 전기 흐름이 증가하기 위한 필요 충분 조건이 된다.

위의 진술에서 살펴볼 때, 원인이란 낱말은 다음의 세 가지 상이한 의미를 가진다.

(1) 필요 조건.
(2) 충분 조건.
(3) 필요 충분 조건.

우리가 만약 어떤 현상의 발생을 막고자 한다면, 통상 필요 조건이 되는 원인을 찾아야 한다. 거꾸로 우리가 어떤 현상을 산출하고자 한다면, 통상 충분 조건이 되는 원인을 찾아야 한다. 예컨대 도시를 덮는 스모그의 발생을 막고자 한다면, 과학자들은 스모그 발생의 필요 조건(들), 즉 그 조건이 없을 경우 스모그를 제거할 수 있는 그런 조건을 분리시키려고 시도해야 한다. 다량의 추수를 하고자 시도할 때에는 농부들은 햇빛과 강우량이 주어질 경우 곡식 수확물의 성장을 야기시킬 충분 조건을 찾아내야 할 것이다.

또 하나 언급되어야 할 점은, 어 떤 사건이 발생할 때마다 적어도 하나의 충분 조건이 나타나고, 모든 필요 조건이 나타난다는 사실이다. 필요 조건의 결합은 그 사건을 실제로 일으키는 충분 조건이 된다. 예컨대 성냥에 불을 붙이기 위한 필요 조건은 열과 산소이다. 이 두 필요 조건이 결합되면 충분 조건이 되는 것이다. 즉 산소가 있을 경우 성냥을 마찰시키는 것(열을 내기 위해서)은 성냥의 발화를 위해 충분하다.

이상의 논의로부터 다음과 같은 정식이 도출된다.

A는 B의 필요 조건이다 : A가 발생하지 때마다 B가 발생하지 않는다(~A⊃~B).
A는 B의 충분 조건이다 : A가 발생할 때마다 B가 발생한다(A⊃B).
A는 B의 필요 충분 조건이다 : A가 발생할 때마다 B가 발생하면서 A가 발생하지 않을 때마다 B가 발생하지 않는다((A⊃B)·(~A⊃~B).

조건 명제는 전건이 참이고 후건이 거짓일 때만 오직 그때만 거짓이 된다는 규칙을 적용해 보면, 다음과 같은 정식을 얻게 된다.

A가 B 없이 발생한다면, A는 B의 충분 조건이 아니다.
B가 A 없이 발생한다면, A는 B의 필요 조건이 아니다.

2. 밀의 방법

19 세기 영국의 철학자 밀(J.S. Mill : 1806-1873)은 그의 저서 ≪논리학이 체계≫(*System of Logic*)에서 사건들 사이의 인과적 결합을 확인하기 위한 다섯 가지 방법을 고안해 내었다. 이들 다섯 가지 방법을 이하에서 순서대로 소개할 것이다.

1) 일치법

우선 일치법(the method of agreement)을 예로 들어 설명하기로 한다. 알콜 발효에 어떤 요인이 작용하는가를 결정하기 위해서 여러 종류의 포도주, 맥주, 식초, 사이다 등등의 발효된 액체를 표집했다고 가정하자. 현미경으로 검토한 결과 이들 발효 액체의 각각은 미생물(이스트)의 형태를 특징적으로 가지고 있다는 사실을 알게 된다. 따라서 우리는 이 미생물이 발효의 원인이라고 결론 내린다. 이러한 단순한 실험을 통해서 밀의 일치법을 쉽게 알 수 있다. 발효된 여러 표본의 각각에서 아마도 일치하고 있는 유일한 요소가 있었기 때문에 그 요소가 원인으로 추론된다. 밀은 일치법에 대해 다음과 같은 정의를 내리고 있다.

> 연구되고 있는 현상의 둘 또는 그 이상이 사례가 또 하나의 공통적 사정을 가진다면,
> 그 모든 사례가 그 점에서만 일치하는 사정은 주어진 현상의 원인(또는 결과)이다.

이를 도식화시키면 다음과 같다. 여기서 대문자는 여러 사정을 나타내고, 소문자는 현상을 지시한다.

A B C D 는 a b c d 와 함께 발생한다.
A B C E 는 a b c e 와 함께 발생한다.
A D E F 는 a d e f 와 함께 발생한다.
―――――――――――――――――――
그러므로, A는 a의 원인(혹은 결과)이다.

이를 도표로 나타내면 다음과 같다.

사례	사정	현상
1	A B C D	a
2	A V C E	a
3	A D E F	a

일치법이 확실히 유용하고 효과가 있다고 하더라도 주의해야 할 점은 이 방법이 위의 예에서 이스트가 알콜 발효의 원인이라는 것을 결정적으로 증명하지는 못한다. 여기에는 두 가지 중요한 이유가 있다. 만약 우리가 이스트가 알콜 발효의 원인이라는 것을 증명한 것으로 간주하려면, (1) 우리는 단지 하나의 사정만이 일치한다고 가정해야 하며, (2) 가능한 사례에 대한 우리의 분석이 완전하다는 사실을 가정해야만 한다. 그러나 이러한 가정을 둘 다 달성될 수 없다. 앞의 예에서 모든 경우의 발효에 공통적인 많은 다른 요소들이 있다. 설탕이 항상 있을 뿐만 아니라, 온도, 희석의 정도 등의 다른 조건들이 있다. 현미경에 의한 우리의 분석은 이러한 조건들을 밝혀주지 못한다. 게다가 아마도 있음직한 많은 다른 요소, 가령 물질의 출처, 위치, 운반 방법, 다루는 방식, 계절 등의 요소가 관계없는 것으로 취급된다. 달의 위치 또는 부엌 냄새의 있음 등과 같이 관계없는 것으로 생각되는 많은 요소들이 아마도 관계 있을는지 모른다. 그러나 우리는 실험을 위해 이들 요소는 작용하지 않는다는 점과 또한 원인은 위에서 예시된 액체에 대한 현미경의 분석에 의해서 아마도 발견될 수 있지 않을까 하는 점을 가정한다. 이러한 가정을 요구함으로써 우리는 일치법의 사용에 있어서 최초의 가설의 역할을 강조하는 셈이 된다. 어디에서 그리고 어떤

방식으로 우리의 분석을 수행할 것인가에 대한 모종의 선행된 생각 또는 지금까지의 교육에 의한 추측 없이는 우리는 실험은 시작될 수조차 없다.

2) 차이법

밀은 **차이법**(the method of difference)을 다음처럼 정식화하고 있다.

> 연구되고 있는 현상이 발생하는 하나의 사례와 발생하지 않는 하나의 사례가, 한 가지 사정 즉 전자에서만 발생하고 후자에서는 발생하지 않는 사정만 제외하고 모든 사정에서 공통점을 가진다면, 양 사례의 유일한 차이점인 그 사정은 그 현상의 결과이거나 원인이거나 또는 원인의 불가결한 부분이다.

이를 도식화하면 다음과 같다.

A B C D는 a b c d와 함께 발생한다.
B C D는 b c d와 함께 발생한다.

그러므로, A는 a의 원인이거나 결과이거나 원인의 불가결한 부분이다.

이를 도표로 나타내면 다음과 같다.

사례	사정	현상
1	A B C D	a
2	— B C D	—

차이법에 관련된 실례를 들어보기로 한다. 파스퇴르는 1858년 방학 때 프랑스의 아르보와에 있는 별장에서 여러 지방의 포도주를, 그것도 부패한 것과 부패하지 않은 것을 현미경으로 검사할 기회를 가졌다. 부패된 포도주의 각 경우에서 그는 부패되지 않았던 포도주에는 없는 미생물을 발견했다. 이러한 발견을 통해서 파스퇴르는 발효의 변질은 이스트 박테리아와는 다른 미생물에 의해서 발생한다고 결론지었다.

차이법에 관해서도 일치법에서와 마찬가지로 두 가지 가정을 해야 한다. (1) 우리는 하나의, 단 하나의 요소만이 실제적인 경우에서 차이가 난다는 것을 가정해야 하며, (2) 요인에 대한 우리의 분석이 완전하다는 것을 가정해야 한다. 그러나 실제로 이러한 두 가지 가정은 완전히는 실현될 수 없다. 의심할 것도 없이 시험되고 있는 포도주는 각각 다른 미생물이 있는 것 이외에 다른 차이점을 가지고 있다. 이러한 차이점은 파스퇴르의 분석을 통해서는 밝혀지지 않는 것이다. 아마도 화학적인 분석이 그러한 차이점들을 밝혀줄 것이다. 게다가 이와 같은 많은 요인들과 또한 아마도 다른 요인들은 실험을 시작할 때에 제외되어 있었다. 앞에서 언급되었던 것처럼 이러한 요인들은 파스퇴르의 최초의 가설, 즉 원인은 현미경의 분석에 의해서 발견될 수 있는 그 무엇이라는 가설에 의해서 제외되었다.

3) 일치 차이 병용법

일치 차이 병용법(the joint method of agreement and

difference)은 흔히들 일치법과 차이법의 결합 이상이 것이 아니라고 생각해 왔었다. 그러나 그렇지 않다. 밀은 이 방법을 다음처럼 정식화하고 있다.

> 어떠한 현상이 일어나는 둘 또는 그 이상이 사례가 단 하나의 공통적인 사정만을 가지고 있고, 한편 그 현상이 발생하지 않는 둘 또는 그 이상의 사례가 그 공통적인 사정이 없다는 것을 제외하고는 아무런 공통점을 자지지 않는다면, 이 두 쌍의 사례들의 유일한 차이점인 그 사정은 그 현상의 결과이거나 원인이거나 또는 원인의 불가결한 요소이다.

일치 차이 병용법을 도식화하면 다음과 같다.

A B C D는 a b c d와 함께 발생한다.
A B C E는 a b c e와 함께 발생한다.
A B C F는 a b c f와 함께 발생한다.
B C F는 b c f와 함께 발생한다.
C F G는 c f g와 함께 발생한다.

그러므로, A는 a의 원인이거나 결과이거나 원인의 불가결한 요소이다.

이를 도표로 나타내면 다음과 같다.

사례	사정	현상
1	A B C D	a
2	A B C E	a
3	A B C F	a
4	B C F	—
5	C F G	—

사례 1, 2, 3은 일치법으로 간주될 수 있다. 그러나 이것의 결합이 차이법을 제공해 주지는 못할 것이다. 밀이 지적하고 있는 바이 일치 차이 병용법은 차이의 방법이 보여질 수 없는 곳에서 자주 사용될 수 있다. 이러한 사정은 사회과학의 탐구에서처럼 검사 조건들을 통제하는 것이 불가능한 곳에서 특히 잘 들어맞는다. 예컨대 어떤 요인들이 소년 범죄를 일으키는가 하는 문제에 관심을 가지고 있다고 가정해 보자. 소년 범죄로 실형을 선고 받았던 사람과 그렇지 않은 사람을 포함해서 여러 층의 소년들과 인터뷰한 결과, 범죄자는 부모에 적대감을 품고 있고(위의 도식에서 A의 경우), 비범죄자는 그렇지 않았다는 것을 발견한다. 따라서 부모에 대한 적대감이 결정적인 요인이라고 추리한다. 아마도 검사한 모든 경우들은 사회 경제적 배경에 따라서 상당히 다르며, 이러한 사실은 차이법이 사용될 수 없음을 보여 준다. 더욱이 범죄자들은 여러 공통된 특징을 지닐 수도 있다. 만약 그럴 경우에는 일치법을 사용조차 할 수 없게 된다. 이런 경우에는 위의 도식에서 B가 사례 1에서뿐만 아니라, 사례 2, 3에서도 발견된다는 것을 의미한다. 이렇게 되면 A 는 홀로 또는 B와 결합해서 가능한 결정적 요인이라는 추리의 근거가 생길 것이다. 그렇다면 이들 가능성을 점검하기 위해서 계속적인 탐구가 진행되어야 한다.

4) 잉여법

잉여법(the method of residues) 또한 차이법의 변용으로서 간주될 수 있다. 밀은 잉여법을 다음처럼 정식화하고 있다.

어떤 현상으로부터 그 이전의 귀납에 의해서 모종의 선행 사정들의 결과로 알려진 그러한 부분을 제거해 버리면 현상의 나머지는 남아 있는 선행 사정의 결과이다.

잉여법을 도식화하면 다음과 같다.

A B C —— a b c
B는 b의 원인인 것으로 이미 알려져 있다.
C는 c의 원인인 것으로 이미 알려져 있다.
―――――――――――――――――
그러므로, A는 a의 원인이다.

큐리 부처의 라듐 발견이 이 방법의 예로서 사용될 수 있다. 모종의 우란광이 표본이 우라늄의 내용물에서 나타날 수 있는 것보다 훨씬 더 많은 양의 방사능을 뿜어내고 있다는 사실을 그들이 발견했을 때 그 우란광이, 증가된 방사능의 원인이 되었던 바의, 모종의 지금까지 알려지지 않은 물질을 포함하고 있다고 결론 내렸다.

5) 공변법

공변법(the method of concomitant variation)은 차이법의 변용인 것으로 보이는데, 이 방법을 밀은 다음처럼 정식화하고 있다.

다른 현상이 어떤 특수한 방법으로 변화할 때마다 그렇게 변화하는 그 어느 현상이든 간에, 그 현상의 원인이든가 결과이든가 혹은 어떤 인과 관계에 의하여 그 현상과 결합해 있다.

이것을 도식화하면 다음과 같이 두 가지 방식으로 나타난다.

$A \quad B\,C \qquad\qquad a \quad b\,c$
$A^{+} \quad B\,C \qquad\qquad a^{+} \quad b\,c$
$A^{-} \quad B\,C \qquad\qquad a^{-} \quad b\,c$

그러므로, A는 a와 인과적으로 결합되어 있다.

$A \quad B\,C \qquad\qquad a \quad b\,c$
$A^{+} \quad B\,C \qquad\qquad a^{-} \quad b\,c$
$A^{-} \quad B\,C \qquad\qquad a^{+} \quad b\,c$

그러므로, A는 a와 인과적으로 결합되어 있다.

이 방법을 사용한 일상적인 예는 많다. 가족이 돈을 많이 벌면 벌수록 레크리에이션에 소비하는 돈이 많다든가, 비가 많이 오면 올수록 곡식이 잘 자란다든가, 광고를 많이 하면 할수록 판매량이 늘어난다든가, 농약을 많이 뿌리면 뿌릴수록 수확량이 늘어난다든가 하는 것이 공변법의 예이다. 그러나 주의해야 할 점은 그러한 변화 또한 상호 관계가 모종의인과 관계를 나타낼 수도 있겠지만, 필연적으로 인과 관계에 있는 것은 아니라는 점이다. 어떤 종류의 상호 관계는 전적으로 우연적일 수도 있기 때문이다.

연습문제

1. 다음 논증은 인과적 추리의 예이다. 밀의 다섯 가지 방법 중 어떤 방법이 사용되었는지 진술하라.

(1) 맨체스터의 줄씨는 하나의 물질을 다른 물질에 부벼서 힘의 정확한 양을 소비함으로써 마찰이 열의 원인이라는 것을 결정적으로 증명했으며, 생산된 열은 힘이 크거나 작음에 정확하게 비례해서 커지거나 작아진다는 점을 보여주었다.

(W.S. Jevons)

(2) 나는 두 개의 은화를 이 막대 옆에다 놓았다. 은화는 그 막대를 향해 움직였다. 그런 다음 나는 몇 개의 클립, 차 숟가락, 몇 개의 못, 작은 가위를 가지고 시도했고, 이 모든 물건이 그 막대를 향해 움직였다. 그래서 나는 작은 물컵, 봉투, 우유 상자, 한 타레의 실을 가지고서 시도해 보았다. 어떤 것도 막대를 향해 움직이지 않았다. 분명히 이 놀라운 막대는 모든 금속을 끌어당기고, 그 외의 어떤 것도 끌어당기지 않는다.

(3) 1951년 렉싱톤, 켄터키의 약물 중독자를 위한 연방 병원의 약물 중독 연구 센터의 해리스 이스벨은 놀랄만한 연구에 관해 보고했다. 그는 몇 달에 걸쳐 바르비투르산염을 점점 많이 투여한 5명의 지원자를 검사했다. 갑작스럽게 약물은 중

단되었다. 약 60시간 동안은 그 사람들은 잘 지내는 것처럼 보였다. 그 다음 그들 중 네 명은 발작을 일으켰다. 모든 사람이 최후가 다가오는 듯한 느낌을 가졌다. 그들의 몸은 흔들거렸다. 네 명은 정신 이상의 증세를 보였다. 즉 한 사람은 그의 두뇌가 복부로 빠져나갔다고 느꼈다. 다른 사람은 목화가 그의 입에서 자라났다고 주장했다. 이스벨은 바르비투르 산염이 단지 중독적인 것에 그치는 것이 아니라고 결론내리고는, 다음처럼 진술했다. 이 약물의 중독은 실은 모르핀 중독보다도 위험스런 것이다.

(G. G Luce and J. Segal, *Insomnia*)

(4) 공기가 무게를 가진다는 것은 논의의 여지가 없다. 기구가 비어있을 때보다도 부풀었을 때 더 무겁다는 것은 상식에 속한다. 그것은 충분히 증명된 바다. 왜냐하면 공기가 가볍다면 기구가 부풀면 부풀수록 그 안에 공기가 보다 많이 넣어질 때, 전체는 보다 무겁게 되기 때문에, 각 부분은 자기 자신의 무게를 가지고, 따라서 공기는 무게를 가진다는 결론이 나온다.

(B. Pascal, *Treatise on the Weight of the Mass of the Air*)

(5) 1861년 파스퇴르는 마침내 자연 발생에 대해 반대하는 일반적인 확신을 갖게 되었다. 그는 대단히 길고 가는 목을 가지고 있는 플라스크에 있는 육즙(肉汁)을 박테리아가 하나도 남아 있지 않을 때까지 끓였다. 이 점은 그가 플라스크의 좁

은 목이 아무 것도 받아들이지 않았기 때문에, 그가 장치를 변경시키지 않으면 무한정한 동안에 플라스크의 육즙을 현재 상태대로 유지할 수 있을 것이라는 사실에 의해 보여졌다. 그 다음 그는 플라스크의 목을 깨뜨리자, 두세 시간 안에 액체는 미생물을 보여주었고, 육즙은 완전히 부패했다. 그는 좋은 필터를 가지고서 두 번이나 플라스크의 목을 막음으로써, 그리고 첫째 필터로서는 부패가 될 수 있었지만 두 번째 필터로서는 부패가 될 수 없었다는 사실을 보여줌으로써, 공기가 그러한 미생물체를 옮긴다는 사실을 증명했다.

(H.T. Pledge, *Science since 1500*)

(6) 존스톤은 흡연의 결과와 피하에 주사된 니코틴의 결과를 비교했다. 비흡연자들은 흡연의 느낌을 "어질어질한 것"이라고 부름에도 불구하고, 흡연자들은 그것을 유쾌한 것으로 생각했다. 하루에 서너 번씩 1.3 밀리그램의 니코틴을 80여 차에 걸쳐 자신에 주사했던 존스톤은 자신이 흡연보다는 피하에 니코틴을 주사하는 것을 더 좋아하게 되었다는 것을 발견했다. 그의 경우에 니코틴이 흡연 때문에 나타나는 유쾌한 감각에 있어서 주요한 요인이었던 듯이 보인다.

(*The Biologic Effect of Tobacco*, ed. E.L. Wynder, M.D.)

(7) 텔레비전이 거실에 놓여 있었을 때 좋은 화면이 나타났다. 그러나 텔레비전을 다른 방에다 옮기면 화면이 크게 나빠졌다. 장소를 제외하고는 모든 것이 동일한 듯이 보였기 때문에, 집

주인은 거실의 위치가 보다 나은 화면의 원인이라고 결론 내렸다.

(8) 오일 첨가물의 효과를 규정하기 위해서 차 검사소는 같은 기종의 자동차 2대를 구입하여, 동일한 종류의 가솔린과 동일한 종류의 오일, 동일한 운전자를 사용하여 각각 48,000킬로미터를 주행했다. 한 엔진의 오일은 첨가제를 포함하고, 다른 엔진의 오일은 첨가제를 포함하지 않았다. 테스트의 마지막에 두 차의 엔진은 분해되었고, 첨가제를 사용했던 엔진이 덜 마모되었다는 사실이 발견되었다. 차 검사소는 오일 첨가제가 덜 마모됨의 원인이었다고 결론 내렸다.

(9) 통계 수치의 비교로부터 어떤 범죄학자는 고용율의 변동과 절도 사이의 상관관계를 간파했다. 고용률이 증가함에 따라 절도율은 감소했고, 그 역도 마찬가지였다. 그 범죄학자는 비고용이 절도죄가 증가하는 원인이라고 결론 내렸다.

(10) 김씨의 장미 관목 중 두 그루에 진딧물이 만연했다. 그는 그 중 한 그루에 말라치온을 뿌리고, 다른 한 그루는 그래도 내버려 두었다. 사흘 안에 진딧물은 말라치온이 뿌려진 관목으로부터는 사라졌지만, 다른 관목에서는 여전히 진딧물이 번성했다. 김씨는 말라치온이 관목의 진딧물을 죽였다고 결론 내렸다.

언어와 논리

초판4쇄 인쇄 / 2018년 8월 13일
초판4쇄 발행 / 2018년 8월 27일

지은이 / 이 남 원 · 이 윤 복
펴낸이 / 이 승 엽
펴낸곳 / 도서출판 **정림사**
대구광역시 중구 동덕로 52-8
등록번호 • 제03-01-340
대표전화 • (053) 424-1661
팩시밀리 • (053) 424-1665

ISBN 89-88062-67-1 93710

〈값 10,000원〉